中華文化承傳

上 册

編　　著：施仲謀　杜若鴻　鄔翠文
編　　審：杜振醉　康一橋　侯玉珍
編務統籌：方世豪

北京大學出版社

圖書在版編目（CIP）數據

中華文化承傳（上册）/施仲謀，杜若鴻，鄔翠文編著. —北京：北京大學出版社，2006.1

ISBN 978-7-301-09477-8

I.中… II.①施… ②杜… ③鄔… III.傳統文化—中國—青少年讀物 IV.G12-49

中國版本圖書館 CIP 數據核字(2005)第 107958 號

書　　名：中華文化承傳（上册）
主　　編：施仲謀
副 主 編：杜若鴻
編　　著：施仲謀　杜若鴻　鄔翠文
編　　審：杜振醉　康一橋　侯玉珍
編務統籌：方世豪
插　　圖：沈宇琳　姚　凱　胡　晶
　　　　　徐熙熙　游文婷　劉彥鵬
責任編輯：杜若明
標準書號：ISBN 978-7-301-09477-8/G · 1591
出版發行：北京大學出版社
地　　址：北京市海淀區中關村成府路 205 號　100871
網　　址：http://www.pup.cn
電子信箱：zpup @ pup.pku.edu.cn
電　　話：發行部　62750672　編輯部　62752028
　　　　　郵購部　62752015　出版部　62754962
印 刷 者：北京宏偉雙華印刷有限公司
經 銷 者：新華書店
　　　　　650 毫米 × 980 毫米　16 開本　40.5 印張　700 千字
　　　　　2006 年 1 月第 1 版　2007 年 8 月第 2 次印刷

序 一

《中華文化承傳》在經過許多學校試用、反覆修改後終於正式出版了。這是香港教育界、出版界的一件值得慶賀的事。

我實在喜歡這套書；我相信香港青少年朋友也會喜歡這套書；我還相信，如果把這套書譯成英、法等文字，也會受到廣大華僑、華人和外國朋友的歡迎。

爲甚麼？

這套書給人們提供了每個中國人所應了解、每個喜歡中國或想了解中國文化的人需要了解的中華文化輪廓；全書深入淺出，輕重適宜，活潑靈動，依次遞進，趣味盎然，引人入勝；選材和行文頗費編寫者們的苦心，做到儘量與香港生活切近；創造性地與語文課程相結合，可以使同學們擴視野，長知識，開思路；每個專題都提出「思考」或「反思」，給同學和老師發揮想像、思索、補充的巨大空間，體現了學習中華文化的目的不只是增加知識，更重要的是懂得一個國家、一個民族應該怎樣把握自己的命運，怎樣不斷前進。

中華文化博大精深，源遠流長，爲人類文明史上所罕見。相比之下，這套書所涉及的不過是滄海一粟，但卻可以使讀者略窺中華文化的全貌。

需要特別提到的是，現在世界各國、中華大地、港澳台同胞正以前所未有的興趣關注中華文化，學者們正在探索如何普及中華文化的基本常識；恰在此時，這套書出版了，無疑對海內外起到了帶頭和示範的作用，包括對祖國內地，都有著重要的參考價值。

我希望儘快地把這套書推向內地和海外——以滿足中華民族兒女們了解自己民族文化的渴望。我也希望這套書在推廣中不斷吸取學生、老師和社會賢達的意見和建議，修訂得越來越完善，越來越受到廣大青少年朋友的歡迎。

許嘉璐

北京師範大學漢語文化學院院長

全國人大常委會副委員長

序 二

文化是人類在歷史發展過程中一切活動的總和，涵蓋政治、經濟、教育、社會、科技、宗教、道德、藝術等多個範疇。我國具有五千年的悠久歷史，文化自是博大精深，往往叫求知者難以入手。爲此，香港大學中文系、香港中華文化促進中心和香港教育工作者聯會攜手合作，於二零零三年展開「初中中國語文科中華文化教學研究及實驗計劃」，藉此凝聚海内外專家學者的知識和力量，制定初中階段中國語文科的文化學習大綱，並按照大綱編訂學習材料，協助學生打開中華文化的寶庫。

一套三册的《中華文化承傳》叢書，以輕鬆活潑的調子，帶領同學透過神話故事、民間傳説、社會習俗、語言文字、學術思想、宗教人生等二十四個單元，全面而有系統地認識中華文化。單元内每一篇章均經過精心編排，内容深入淺出，知識與趣味並重。更難得的是，這些篇章除了傳授文化知識之外，還引發讀者的反思和認同，産生教化的作用。

我熱切期望同學們都喜歡這套叢書，不但掌握中華文化知識，更藉著文化反思，加强對國民身分的認同。

羅范椒芬

香港特別行政區教育統籌局常任秘書長

《中華文化承傳》出版題慶

文化傳承

弘教樹人

中央人民政府駐香港特別
行政區聯絡辦公室教育科技部

二零零五年五月六日

中央人民政府駐香港特別行政區聯絡辦公室
教育科技部部長初志農先生題辭

「中華文化承傳」出版之慶

薪火相傳

香港中華文化促進中心主席
香港大學副校長
李焯芬敬賀

香港中華文化促進中心主席　李焯芬教授題辭
香港大學副校長

五千年文化
百萬里山河

香港大學中文系主任單周堯教授題辭

敬賀《中華文化承傳》出版

弘揚中國文化

香港教育工作者聯會會長　楊耀忠

香港教育工作者聯會會長楊耀忠先生題辭

前言

一、研究背景

中華文化的承傳是全世界炎黃子孫共同關心的課題。文化教學的目標是爲了使我們的下一代增進對優秀中華文化的認識、反思和認同，提高批判性思維能力，培養正確的倫理道德觀念，加强對國家和民族的歸屬感，並爲進行文化思辨、衡量傳統文化對當今世界的意義奠定基礎。但文化教學具體應怎樣進行？其核心教材應怎樣制訂？文化教學應如何因應不同學習階段學生的認知能力而有所側重？這些問題一直是教育界所關心的，但對此作深入研究的卻尚未見。

香港的中國語文教學，一向較爲强調語文能力訓練而忽視中華文化的承傳。直至1990年的課程綱要，始正式要求「培養學生對中國文化的認識」。2000年的「中學中國語文課程指引」及2004年的「小學中國語文課程指引」，將語文學習分爲閱讀、寫作、聆聽、説話、文學、中華文化、品德情意、思維及語文自學等九個範疇，中華文化才正式列爲語文學習的範疇之一。

目前預科課程設有「中國語文及文化科」，對象是預科的學生；在大學裏，對中國文化的研究則主要在學術層面；而初中學生的文化普及仍有很多拓展的空間。中國語文科新課程頒布後，怎樣系統地把繁富的中華文化結合「中文教學」、「品德情意」和「從生活中去體現」的教學目標是我們熱切關心的課題。然而，綜觀坊間有關中華文化知識的教材，大部分都以預科學生爲對象，針對廣大初中程度的學生，並配合新課程綱要的文化讀物，尚有待開發。

新的語文教學鼓勵學生自學。然而，因爲課程要兼顧多個學習範疇，其中以「閱讀」、「寫作」、「聆聽」、「説話」四範疇爲主，「中華文化」屬配合性質。如何配合？「課程指引」未有清晰的導向，教科書在鋪排中華文化學習内容方面存在著一定難度，多家出版社出版的現行初中中國語文課本，其中華文化知識大都採用較爲隨機的灑點式布局，文化知識點狀如斷珠散豆，並未建構出一個較爲完整的學習系統。因此，制訂初中中國語文科中華文化的學習大綱，編訂適合初中學生閱讀的文化讀物，實乃當務之急。

香港大學中文系於2003年獲優質教育基金撥款，與香港中華文化促進中心、香港教育工作者聯會攜手合作，並邀請教育界、文化界和出版界資深人士擔任顧問，計劃以兩年爲期，制訂初中階段中國語文科中華文化的學習大綱，然後據此編訂合適的中華文化閱讀材料，並組織學校進行實驗。同時以文化講座、工作坊、文化常識問答比賽等方式相配合，以期引起全港初中語文教師、學生和社會人士的參與，從活動中推廣優秀的中華文化，提高他們學習文化的興趣，啓導深入思考文化問題。

二、制訂教學大綱

中華文化的範圍非常廣闊，小學、初中、高中各階段學生的生活經驗、學習興趣、知識水平和能力發展亦各異；因此，我們首先制訂了一個初中中華文化教學大綱，以作爲整體的指導方向。教學大綱是如何制訂的呢？由於中華文化源遠流長，博大精深，可説是包羅萬象，因此，小學、初中、高中各階段應學習甚麽内容，就是首先要解決的問題。研究小組背後有一個高質素的顧問團，成員包括文化學、課程學、教育心理學等方面的專家、中學校長及資深教師，除港澳的學者專家外，還包括内地、台灣、新加坡、泰國、印尼、菲律賓以及歐美等國家和地區的代表。制訂大綱之前，研究人員從今天的社會現實出發，先以問卷方式作意見調查，充分考慮學科本身及教師、學生、家長的需求，同時結合顧問委員會的意見，逐步修訂、完善，做到以學生爲本，以適切性爲原則，符合初中階段的需要，所規定的學習範疇及文化知識點以學生在初中階段必須掌握的爲基準。具體大綱以顧問委員會的意見、教師和學生的回響綜合研究，力求具代表性。

研究人員參照中國語文課程大綱及有關文獻，訂定24個範疇，並據此劃分學習單元，略如下表：

神話故事	民間傳説	社會習俗	傳統節日
河山風貌	名勝古蹟	禮儀情操	工藝服飾
飲食文化	康樂文娱	文學作家	名篇佳作
倫理道德	經濟貿易	交通傳訊	科學技術
藝術欣賞	人文教化	語言文字	修辭語彙
治亂興衰	歷史人物	學術思想	宗教人生

至於各範疇的詳細内容，請逕參考附錄之《中華文化學習大綱》。

三、編寫文化讀物

《中華文化承傳》共分3册，每册8個單元，每單元有8至10篇文章，24個單元共222篇。文化讀物的編寫原則如下：（一）內容的深淺程度切合初中學生的心智發展水平。（二）文化知識的學習與品德情意的培養相結合。（三）在介紹文化知識的同時，輔以探究性的問題，啓導學生進入文化反思和認同的層次。（四）以「知識小品文」的體裁，透過輕鬆活潑的叙述筆調介紹文化知識。（五）圖文並茂，以提高學生的學習興趣。

本書力求做到趣味性、知識性、文學性、思辨性與現實性兼具。「趣味性」目的是激發學生的學習動機，使學生積極主動地學習；「知識性」用以引導學生了解中華文化，並掌握其菁華；「文學性」是指善用詩詞韵文、警語名句貫穿文章，以富有文學色彩的筆墨感染學生，引起共鳴；「思辨性」在於引領學生進行反思，認同中華文化，讓傳統文化的精神叩開學生的心扉，增强民族自尊和自信；「現實性」則用來拉近學生生活，將「知」與「行」結合起來，在生活中體現優秀的中華文化。

四、進行教學實驗

爲保證中華文化讀物的「科學性」，教學實驗是不可或缺的。我們選定十五所中學進行有關的教學實驗研究，並定期舉辦培訓班及工作坊，指導參與實驗學校的教師掌握文化讀物的編寫精神、施教方法、評估方式以及如何推展活動等。每個單元的篇章由教師於課堂上進行評估，並由研究人員作統計分析。研究人員並定期用問卷方式，向學生收集意見，再結合專家建議，綜合研究，逐步完善學習大綱的建構和讀物的編撰，集思廣益，精益求精。

文化教材內容的深淺程度拿捏是否準確，以學生的反響最能得出結論。因此，實驗的目的也就是爲難以確定的文化點找出立項的根據。而這個實驗，是建立在一個系統化的評估基礎上。評估方法略述如下：

（一）對教材素質的評估

中華文化教材素質的評估是指對大綱內容和篇章撰寫方式等方面的評價。評估的方式以「質性」進行，分階段性評估和總結性評估。方式如下：

1. 以學生爲本，根據學生的評估成績、讀後感及讀書報告等作「質性」的綜合分析，以改進教材不足之處。

2. 設計問卷，定期向學生和教師搜集修訂的意見；有關意見經綜合分析後，再諮詢專家，以達致總結性的評估。

（二）對學生學習成效的評估

學生學習成效的評估是從「量性」的研究方式進行的，同樣分階段性評估與總結性評估。分述如下：

1. 學習成效從多次的評估中得出。評估由教師在課堂上進行。教師擔當推動和監督的角色。收回的評估試卷交由研究人員批改，並存檔以作量性的統計分析。

2. 爲確保文化教材的適切性，根據學生的評估成績統計分析後，逐步進行修訂。

五、結語

《中華文化承傳》的正式出版，是我們對中華文化研究的一項階段性成果，期望引起海内外文化教育界先進的注意，進一步就小學至大學每個階段的文化教學作深入探討，以促進21世紀中華文化教學的全面實施。

施仲謀
杜若鴻 謹識

二零零五年十月

目錄

目錄

單元三 社會習俗

單元四 傳統節日

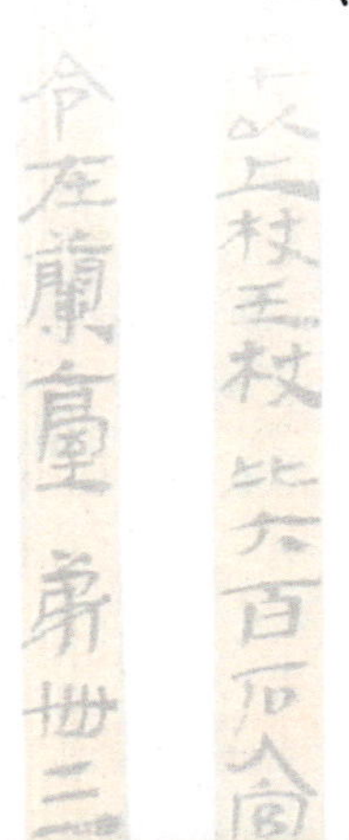

單元五 河山風貌

單元六 名勝古蹟

單元七 禮儀情操

單元一

神話故事

盤古開天

想一想

1. 你知道日月、雷雨、江河、草木是怎樣出現的嗎？
2. 猜一猜，盤古是用甚麼工具開天闢地的？

混沌初開，萬物生成

盤古開天闢地

你喜歡大自然嗎？大自然讓你想起甚麼呢？是花草樹木、高山平原還是日月星辰？

相傳遠古時，宇宙一團混沌，沒有任何植物和動物。有一個人，名叫盤古，看見天地清濁不分，感到既憤怒又傷心，於是施展神力，手執鑿子和斧頭，開天闢地，宇宙於是混沌初開。但盤古卻耗盡體力，奄奄一息。就在這個時候，發生了奇妙的變化：他的呼吸化成風雲，聲音化成雷霆，左眼變爲太陽，右眼變爲月亮，四肢五體變爲四極五嶽，血液變爲江河，筋脈變爲地理，肌肉變爲田地，鬚髮變爲星辰，皮毛變爲草木，齒骨變爲金石，骨髓變爲珠玉，汗水變爲雨露，身上的小蟲化成千千萬萬的人。從此，寂靜的宇宙增添了無限的生氣。

盤古廟

創世神話，豐富多彩

你知道人類是從哪裏來的嗎？你知道太陽和月亮爲甚麼會發出光輝嗎？其實，很久以前，古人已經對天地萬物的來源充滿好奇心。於是，世界各地不同民族都運用豐富的想象力，創作了不同的神話，嘗試解釋天地的來源。西方的國家，就流傳了上帝創造天地的故事。人們相信上帝運用神力創造了萬物和人類，是天地的主宰者。中華民族的神話，就是「盤古開天」，人們認爲盤古開闢了天地，垂死而化生萬物。後來，人們更不斷豐富神話的內容，視盤古爲訂立百家姓和造文字的神。今天，不少地方仍然保留著有關盤古的事跡，建造寺廟供奉盤古。

天地主宰，萬物之靈

根據《聖經》記載，上帝是運用泥土和水製造人類的，牠是高高在上的神，主宰著天地萬物。可是，在中國的神話中，人類是由盤古垂死時身上無數小蟲生化而成的。中華民族相信自己擁有盤古的力量，是天地的主宰，爲萬物之靈，人定可以勝天。面對大自然的災禍，如颱風、洪水、暴雨、地震，人們勇敢地去克服。後來，更發明候風地動儀、天象儀、渾天儀、指南針等去預防災禍。這種面對現實、積極進取的態度，和盤古開天闢地的精神是一脈相承的。

女媧補天

1. 爲甚麼廣闊的天空不會塌下來呢?
2. 你知道爲甚麼「日落西山」和「水向東流」嗎?

煉石補青天

古書上曾經記載:

水盡崖底見，丹霞碧漢間。女媧五色天，虞舜千年山。

「女媧五色天」，就是指女媧用五色石補天的故事。女媧爲甚麼要補天？你知道嗎？

相傳很久很久以前，水神共工和火神祝融打起仗來，打得天昏地暗，最後火神得勝。戰敗的共工，既懊惱又羞愧，氣得一頭撞向支撐天地的不周山。突然，「轟隆」一聲巨響，天塌了半邊，天空出現一個大窟窿，天河的水嘩嘩地往大地流；大地在陷落，山林也燃起熊熊烈火，天地一片混亂。

善良的女媧目睹這些慘況，心裏很難過。她想:「唉！共工和祝融太不像話了！我一定要制止天塌地陷！」於是，女媧從大河裏，採集了36501塊五色石，用熊熊烈火燒了七日七夜，煉化成岩漿。女媧拿起大勺子，一勺接一勺地把巖漿朝天上的窟窿澆。果然，真的修補好了天空上的大窟窿。

那麼，地上的洪水怎麼辦呢？女媧把地上的蘆葦燒成灰，用灰把洪水填平。女媧看見天

女媧煉石補天

地恢復平靜，萬物運行有序，才安下心來，她想：「可不能讓人類再遇上這些災難了，我要用柱子支撐住天地。」於是，女媧到處尋找合適的柱子。大鱉看見女媧苦惱的樣子，就説：「女媧娘娘，您别愁！您可以用我的四條腿支撐天空。」女媧一看正好，就用大鱉的四條腿當柱子，穩固地支撐住天地。

雖然，天已經修補好了，可是跟原來的樣子還是不相同的：立在西北方的大鱉腿比較短，所以太陽、月亮和星星都是往西北方向運轉的；在地塌的時候，東南方低降下去了，所以地上的江河總是向東南流去。

彩石遺人間

還記得女媧在大河裏採集了36501塊五色石嗎？女媧修補天地後，發現地上還剩下一塊五色石。她想：「天地已經恢復了，這塊石頭我自己留著吧！」可是，女媧在回到天上時，卻不慎將這塊五色石掉下人間。後來，有人説這塊五色石化作了黄山，也有人説這塊石子就是《紅樓夢》主角賈寶玉所佩帶的「通靈寶玉」；也有人説五色石變成了美麗的香港島。儘管各人説法不同，但很多人都相信女媧用五色石補天，爲原本單調平凡的天空添上了美麗的彩霞。

修補臭氧層

也許你不相信女媧補天的神話，然而，今天，保護著地球的臭氧層真的出現了一個大窟窿。這是誰做的好事？

臭氧層使人類免受紫外線的輻射。可是，隨著科技的發明，人們大量使用含有氟氯烴的噴霧劑、發泡劑、清潔劑等。這些化學物品不斷破壞臭氧層，最後令它出現了大窟窿——臭氧層空洞。紫外線直射地球，使人們容易患上皮膚癌和白內障，而農作物和海洋生物的生存條件也越來越差了。

遠古時候，神仙女媧娘娘爲我們修補天空的大窟窿。今天，又有誰來修補臭氧層呢？相信人類憑著自己的力量，不分種族和膚色，共同愛護地球，大自然就有可能維持她的原生態。

天狗吃月

想一想

1. 你知道「天狗吃月」指的是甚麼自然現象嗎?
2. 古時候，人們會用甚麼方法阻止「天狗吃月」呢?

架天梯，攀月亮

古時候，人們相信月蝕是天狗張口吞月的結果。為甚麼天狗要吃掉月亮？牠還可以吃別的東西嗎？原來，天狗吃月是有一段故事的。

望月

話説遠古時代，有一對傈僳族的夫婦，丈夫名叫格士力，妻子名叫都瑪吾，他們養了一條忠心耿耿的黑狗。每天晚上，夫婦總愛在月光下翩翩起舞。漸漸，格力士對月亮產生了很大的興趣。他想：「月亮究竟是個甚麼玩意兒？」他百思不得其解，就決定用竹子架一把天梯爬到天上去看個明白。

格力士對妻子説：「阿都，我走了以後，你要給竹子澆水，不然竹子枯死了，我也會從梯子摔下來。」都瑪吾哭著説：「我快要生孩子了，你別去啊！」格力士安慰地説：「你別害怕，我很快就回來。」

於是，格力士和黑狗沿著天梯向上攀去。都瑪吾只好天天都給竹子澆水，後來，她因為要臨盆了，連床也下不了，自然沒有給竹子澆水，竹子便枯死了。就在這個時候，格力士和黑狗已經攀到了月亮，黑狗先跳上去，格力士剛要伸手的時候，突然「嘩啦」一聲巨響，天梯折斷了，格力士也從天上摔了下來。天梯斷了，黑狗從此也不可以返回人間了。因為月亮上沒有別的食物，黑狗肚子餓時，就只能吃月亮充飢了。傈僳族的人們老怕黑狗有朝一日會吃掉整個月亮，他們殺豬宰羊，祈求黑狗別再吃月亮了。

幻想力，好奇心

月蝕真的是因爲黑狗在吃月亮嗎？當然不是。根據科學的解釋，月蝕是因爲太陽、地球和月球排成了一條直線，地球陰影遮蔽月球，使月亮上出現黑影的自然現象。遠古時候，科學不發達，人們對這些大自然現象的認識不多。當月亮消失的時候，天地一片黑暗，人們感到畏懼。爲了解除這些疑慮，人們運用豐富的想像力，創造了不同的神靈，希望大地生靈永保平安。

從「天狗吃月」的神話，可以看出人類對月亮的好奇心，先民憑藉想像力和創造力，編織了許多美麗動人的神話。這反映了古人已有登天的慾望和探索的精神。

崇拜自然，相信神靈

古人對大自然的認識不多，他們相信「萬物有靈」，崇拜自然，認爲各種自然現象都有神靈掌管。山有山神，地有地神，河有河神；刮風、下雨、打雷、閃電這些現象，也有風伯、電母、雷公這一類神仙掌管著。時至今天，中國各地還廣泛流傳著無數神話故事。

今天，科技發展一日千里，人類已經能夠駕駛太空船飛到月球上了。可是，在天文知識貧乏的時代，人們只能夠憑著幻想力去解答疑問，尋找答案。我們幸運地生長在科學昌盛的時代，可以從學校、書本或互聯網上得到各種知識，應該好好珍惜人類積累的寶貴經驗，努力豐富自己的學識。

人類駕駛太空船飛往月球

后羿射日

1. 相傳遠古時代，天上住著「十兄弟」，你猜他們是甚麼？
2. 后羿爲甚麼要射掉天上的九個太陽呢？

太陽原有「十兄弟」

請看以下的新聞報道：

> 由多國科學家組成的科研隊伍，發現若全球持續暖化，到二零五零年會有多達百分之三十七的物種絶跡，即有超過一百萬種動物及植物面臨威脅。科學家指那將是自恐龍滅絶以來，最大的動植物滅絶悲劇。

全球氣溫上升，不少動植物因爲不能適應炎熱的氣候，正面臨絕種的危機。相傳在古代的時候，中華民族也曾經面對過這樣的危機。

話説上古時代，天上有十個太陽，他們都是天帝的兒子，輪流在天上值班，爲大地送來光明。日子久了，他們覺得很乏味。一天，他們決定一起出去當值。十個太陽使地上草木枯萎，河水乾涸，

后羿射日

人們如置湯鑊。天帝看見了，就派后羿勸告十兄弟。可是，十兄弟玩得正高興，哪管后羿說些甚麼！

后羿勃然大怒，拉開天弓，搭上神箭，將他們一個一個射下來。「一，二，三……七，八，九！」人們興奮地數著從天上掉下來的太陽，一共有九個。「咦！還有一個呢？」看！原來剩下的太陽，嚇得全身發抖，躲在厚厚的雲層後面。后羿正要放這最後一箭的時候，人們懇求說：「慢著！如果一個太陽也沒有，世界就會一片黑暗了。」后羿於是及時收起了弓箭，天地也恢復常態了。

萬物生長靠太陽

還記得有一首兒歌叫《小太陽》嗎？歌詞是：「太陽像那大紅花，在那東方天邊掛，圓圓臉兒害羞像紅霞，只是笑不說話。」太陽在人們心中象徵著光明和希望。從遠古時代開始，人們已經了解到太陽對大地的重要。太陽帶來光明，生物才可以盎然生長。因此，古時候，太陽成為了人們崇拜的神靈之一。

除了對太陽有崇敬之心外，人們還對它充滿好奇心和探索的精神。在科學不發達的時代，人們就通過幻想力，編織了許多動聽和有趣的神話，例如「后羿射日」、「夸父逐日」、「公雞喚日」、「陽雀造日月」和「王姜射日」等，給一輪紅日平添了許多浪漫的色彩。

「地球先生」患病了

從「盤古開天闢地」、「女媧煉石補青天」和「后羿射日」等生動的故事中，可知遠古的英雄爲了使我們有更好的生活環境，花費了多少心血和力量，大地才充滿生機。可是，今天，「地球先生」卻百病纏身，如溫室效應、酸雨、海洋污染、土地沙漠化等，人類和動植物的生活環境越來越差，更有不少野生動植物已瀕臨絕種邊緣。面對地球的種種問題，也許神仙也要束手！怎麼辦呢？不用灰心，只要人類好好愛護地球，保護環境，不要浪費資源和破壞自然生態，地球就會康復過來的。

神龍傳人

想一想

1．爲甚麼中國人自稱爲「龍的傳人」?
2．你能説出多少個帶「龍」字的吉祥語?

東方巨龍

古老的東方有一條龍，它的名字就叫中國。
古老的東方有一群人，他們全都是龍的傳人。

一首悠揚的歌曲，唱出了中國人對龍濃厚的感情。傳説很久很久以前，廣闊的中華大地上是没有人類的，天上只有一條神龍。有一天，神龍感覺孤獨極了，於是牠飛到大地上的一條河流邊，把自己的牙齒拔掉，種植在河裏，希望能夠繁衍後代。可是，不久發生了一場大洪水，雨水將龍的牙齒沖到泥水中去。神龍看見了，傷心不已。就在這個時候，那些牙齒一顆顆從泥水裏跳出來，變成了一對對黑眼睛、黑頭髮、黄皮膚的男人和女人。神龍在達成願望後，快快樂樂地返回天上了，而牠的後裔從此就生活在人間。這就是關於「神龍造人」的傳説。中國人自稱「龍的傳人」，意思就是説，我們是由龍生化而來的。

龍

神龍崇拜

由於對龍的一片崇敬之心，古人相信龍是天上的神靈，可以庇佑萬物。傳説龍會興雲致雨，因此在古代農業社會，人們會組成隊伍，手持火龍，分別站在東、南、西、北及中央五個方位，翩翩起舞，一起祈求神龍降雨，使風調雨順，五穀豐收。時至今天，不少地方仍建有龍王廟，定時舉行祭祀，祈望神龍的庇護。

此外，各地還有形形色色有關龍的節日，如祭龍會、龍頭節、接龍日、曬龍袍日、祭龍王節……而香港的大坑等地在每年中秋節的時候，更會舉行舞火龍等活動。

舞龍

龍獻祥瑞

在神話裏，龍的本領高強，牠能變大變小，飛天潛淵，興雲佈雨。當這種形象浮现在中國人日常生活中時，龍便成爲力量、吉祥、強大、美好、聰穎的象徵。我們稱傑出的人爲「人中之龍」，父母對子女的期望是「望子成龍」，形容精湛的書法藝術會説「龍飛鳳舞」或「龍蛇飛動」，良好的馬匹是「龍駒」，雄壯綺麗的瀑布是「龍湫」，珍貴的食物會稱爲「龍肝鳳髓」，風水寶地稱爲「龍穴」，考獲功名叫「登龍門」，新春時，祝賀詞有「龍馬精神」、「生龍活虎」等。

龍的豐富象徵意義和我們日常生活關係如此密切，難怪中國人對龍懷有一種特別的感情。

精衛填海

1. 你知道爲甚麼精衛要填平大海嗎？
2. 若你是精衛，你會去填平大海嗎？

女娃溺海，化成小鳥

精衛銜微木，將以填滄海。

這兩句詩寫的是精衛鳥銜著小樹枝，誓要填平東海的故事。爲甚麼精衛鳥要這樣做呢？

傳説精衛鳥本是炎帝的女兒，名叫女娃。打從小時候起，女娃便喜歡到海邊去玩耍。一天，她搖著小船到東海上遊玩，心情十分愉快。可是，天有不測之風雲，突然海上捲起巨浪，小船搖搖晃晃，惶恐的女娃不停呼救：「救命啊！爸爸，快來救我……」怒濤的咆哮聲掩蓋了女娃的呼叫，巨浪很快把女娃吞沒了。女娃含恨溺沒，她的精靈化成了小鳥，樣子有點像烏鴉，花紋頭、白尖嘴、紅足爪。因爲它常常叫著「精衛，精衛……」，聲音很淒厲，人們就叫它爲「精衛鳥」。

精衛鳥銜著樹枝飛往大海

銜石銜木，投入滄海

精衛鳥棲息在發鳩山上，牠痛恨東海奪去了她的生命，立下誓言：「我要把可惡的東海填爲平地，讓它不可以再吞噬其他人的生命。」爲了填平大海，牠每天從山上銜著小石塊、小樹枝，投進東海。當東海知道精衛的目的後，忍不住哈哈大笑：「精衛，算了吧！我這麼大，就算你用一千年，一萬年的時間，也不可能填平的。不自量力的小鳥兒，放棄吧！」精衛堅定地說：「不，我不會放棄的。不管要花多少歲月，我一定要把你填爲平地的。」果然，精衛不斷銜著石頭樹枝去填平東海，日夜不懈。小小的精衛鳥，生命短暫，又怎麼可能填平浩瀚的大海呢？也許人們爲精衛堅毅不屈的精神深深感動了，因此，在「精衛填海」神話的基礎上又添了一筆，讓精衛鳥和海燕結成配偶。牠們所生的孩子，雌性的像精衛，雄性的像海燕。當小精衛長大以後，就繼承母親的工作。這樣，精衛鳥填平東海的心願，就可以代代相傳，永無休止。人們爲了讚美和紀念精衛鳥，還給牠起了種種名字，有的叫牠「誓鳥」，有的叫牠「志鳥」，有的叫牠「帝女鳥」。

持之以恆，鍥而不捨

今天，「精衛填海」已經成爲了一個四字成語，比喻做事只要有恆心，鍥而不捨，就會成功。俗語說：「只要有恆心，鐵杵磨成針。」神話故事如「夸父逐日」和「愚公移山」等，同樣表現出這種精神。

愚公移山

還記得誰有「風之后」之稱嗎？1996年，李麗珊在奧運會上奪得滑浪風帆金牌，揚威海外，有人更稱她擁有「化腐朽爲神奇」的能力。難道李麗珊是滑浪天才嗎？其實，李麗珊剛開始練習風帆時，曾掉進水裏，差點兒遭没頂之災。可是，她並没有放棄自己的理想，刻苦練習，技術越來越精湛。終於，憑著自己的努力和決心，李麗珊成爲了香港的「風之后」。

月老作媒

想一想

1.你知道中國的「愛神」是誰嗎?
2.「千里姻緣一綫牽」是甚麼意思呢?

月下老人,掌管姻緣

俗語「千里姻緣一線牽」出自中國民間一個有趣的故事。相傳唐代有個叫韋固的人,一天晚上,遇到一個老人躺在布袋上,在月光下看書。韋固問老人看的是甚麼書。老人回答:「我看的是姻緣簿,天下的婚姻大事都記錄在上面。」韋固又問袋中是何物,老人說:「這袋子裏裝的是牽繫姻緣的紅線,只要用紅線將一對男女牽繫在一起,他們就一定會結成夫婦。」韋固搖頭不信。

他隨口問老人:「那麼誰是我未來的妻子?」這時候,正好有個瞎眼的婦人,手上抱著一個小女孩路過,老人指著小女孩說:「就是她。」韋固心想,這老頭簡直胡說八道,妖言惑眾,我就派人去把這女孩殺了。誰知殺手不忍心下手,只在女孩臉上劃了一刀。

光陰似箭,十四年後,韋固和相州刺史王泰的女兒成親,新娘十分漂亮,可是臉上總是貼著一片飾物。韋固追問了好幾次以後,新娘才告訴他:「說來令人氣憤,十四年前,有一次我外出的時候,不知道哪裏竄出一個狂徒,朝我臉上刺了一刀。雖然傷勢不嚴重,臉上卻留下小小的一道疤痕。」韋固聽了,愣了一下。這時,韋固才相信當年遇到的老人,真是掌管人間姻緣的神仙。由於老人没有留下名字,所以人們就稱他爲「月下老人」,簡稱爲「月老」。

月下老人拴紅線

拴紅線，牽紅巾

還記得在古裝的戲劇中，新郎新娘結婚時會手持一條紅布嗎？原來這個習俗與月下老人有密切的關係。

就像西方的愛神丘比特一樣，月下老人是青年男女心中的「媒人」。愛神丘比特用利箭連結配偶，而月老則以牽紅線來配對姻緣。唐代的時候，牽紅線已成了婚禮的儀式，由長輩在新娘和新郎手上拴上紅線。到了宋代，逐漸變爲牽紅巾了。清代的時候，又變成在婚禮上，扯起紅帛或紅布，新郎新娘各持一端，相牽入洞房。時至今天，漢族和許多少數民族仍保留了這種習俗，表現出人們追求美滿婚姻的心願。

同心結，結同心

據説，月下老人用一條紅線，牽繫在男女雙方的腳上，再將二頭紅線打結，那麼，不論男女之間距離是遠或是近，雙方家庭是貧窮或是富貴，如果紅線一經繫上，將來都會聯姻的。人們相信紅線上打結，象徵「結緣」，夫妻之間就好像腳上的雙結一樣，結婚以後就要互相扶持，不離不棄。因此，俗語説：「嫁雞隨雞，嫁狗隨狗」，人們相信姻緣是天注定的。

在中國的結繩藝術上，有一種結名爲「同心結」，這個結由兩個單結相連而成，將此結作爲結婚的賀禮，包含了「永結同心」的美好寓意。而中國的結婚賀詞，也有「永結同心」、「天結良緣」、「佳偶同心結」和「百年恩愛同心結」等等。

同心結

中國古代這種「永結同心」、「甘苦與共」和「白頭偕老」的婚姻觀，可以爲現代社會帶來啟示，使人們學會尊重婚姻的承諾和責任。

彭祖添壽

想一想

1．你知道中國人心目中的「壽星」是指誰嗎？
2．怎樣才可以令生命「活得精彩」呢？

心地善良，神仙相助

傳說中壽命最長的人是彭祖。原來，彭祖的壽命只有二十年，後來因爲得到神仙相助，才活到八百歲。爲甚麽神仙要給他加壽呢？

話説在二十歲的某一天，彭祖在田邊工作時，遠遠看到八位身穿白色長袍的道人翩然而至，他們手中各拿著一件寶物。這時，彭祖停止了耕作，站在田邊。八位道人見了，便問：「年輕人，你爲甚麽要停下手上的工作呢？」彭祖回答説：「八位道長，我是怕污泥會弄髒你們的衣服啊！」八人覺得彭祖心地善良，就決定輪流爲他看相。這一看可不得了！大家都摇頭歎息：「唉！想不到這麽善良的人，卻活不過今年年底！」彭祖聽後，就哭起來：「求求你們，想辦法救我吧！我還要奉養年老的母親。」道人們有感彭祖的善良和一片孝心，就指點彭祖於中秋之夜，準備酒菜送去給住在山洞裏的兩位仙人。

中秋之夜，彭祖來到洞口，果然看見兩位白鬍子的老人在下棋，於是他悄悄地放好酒菜。當兩位仙人吃完酒菜時，彭祖才出來跪著説：「兩位仙人，請救救我！」兩位仙人知道彭祖的來意後，想了一想，就拿出生死簿，爲彭祖添壽，神筆一揮，年壽竟加到八百歲。結果，彭祖真的活到八百歲才去世，後人稱他爲「老壽星」。

彭祖遇八仙

壽桃

桃松龜鶴，象徵長壽

相傳生死簿記錄了每個人的生卒年份。要是可以讓你更改生死簿上的資料，你會怎麼修改呢？可能很多人都會爲自己添長壽命吧。中國傳統文化強調「福壽康寧」，其中對於「壽」的觀念特別重視，人們明白到世間一切美好的事物，都是要擁有生命才可以享受的。於是，有許多動植物，如紅桃、青松與烏龜、白鶴等，都成了象徵「長壽」的吉祥物。

珍惜生命，活得精彩

據説殷商末年，彭祖已經活到七百六十七歲。這時，紂王失德，百姓怨恨；而紂王羨慕彭祖的長壽，特地派人去請教延年益壽的方法。彭祖卻説：「我哪會延年益壽之法，我只知道從年輕到現在，我的人生經歷真的很多，這可不是甚麼快活的事。」説完以後，彭祖歎息一聲，飄然而去。

人們總是羨慕彭祖長壽不老，認爲這樣就是幸福。其實，不論壽命是長或短，只要能夠珍惜生命，不斷充實自己，與人爲善，同樣可以活得多姿多采。

八仙過海

想一想

1. 你知道「八仙」是指哪八位仙人嗎?
2. 八仙各用甚麽法寶渡過東海呢?

各恃法寶，踏浪而行

相傳很久很久以前，在東海外的蓬萊仙山上，住著八位仙人。一天，八仙出席西天王母娘娘的生日宴會。宴會上，有豐富的美酒佳餚，更有仙女奏樂獻舞，不知過了多久，他們酒醉飯飽，盡興而回。

走著走著，八仙來到東海邊上，只見海面上波濤洶湧，白浪滔天，擋住去路。呂洞賓説:「久聞東海氣勢磅礴，不如今天我們各顯神通，蹈海而過，比比誰最快到達對岸好嗎？」話音未落，鐵拐李已經跳到拐杖上面，逐浪而去；漢鍾離也踏著扇子，緊隨其後。然後，張果老跨坐驢背，呂洞賓拔出寶劍，韓湘子拋出簫管，何仙姑放下花籃，藍采和投下拍板，曹國舅扔下玉笏，紛紛踏著寶物渡海。八仙在海面上踏浪而行，你追我逐，笑語喧天，高興得很。

可是，這一來他們卻觸怒了東海的龍王。龍王下令先擒藍采和——蝦兵蟹將群起出動，和八仙交起手來。這時，南海觀世音菩薩剛好路過東海，看見雙方打得難分難解，便上前好言相勸。東海龍王和八仙看在觀音的面上，這才停止了爭鬥。八仙也在拜別觀世音後，各持寶物而去。

八仙

八仙過海，各顯神通

積德行善，得道成仙

八仙的故事家喻户曉，八仙的身世背景與本領各自不同，造型也各異，他們惟一的共同點是由「人」修煉成「仙」：呂洞賓是書生，韓湘子是官家子弟，何仙姑是民間婦女，他們都是因爲在世時能濟弱扶貧，懲惡揚善，才得以長生不老，得道成仙。

在中國神話裏，除八仙之外，還有很多不同的神仙，如南極仙翁、灶君、太上老君、托塔李天王等，可以説是「滿天神佛」。香港一些市民會在特別的節日去黄大仙廟、天后廟和車公廟等拜神祈福，平常在家裏也會供奉各種神靈，希望得到保佑。

各顯神通，施展所長

八仙爲了渡過東海，每個人都亮出自己的法寶，使出獨特的本領。今天，我們也常用「八仙過海，各顯神通」，來比喻人們各自施展本領，成功達到目標。

一首流行歌曲這樣寫道：「天造之才，皆有其用，振翅高飛，無須在夢中。」原來，每個人都擁有自己的特長，這就好像八仙的法寶和法力都不一樣。在日新月異的世界，我們需要面對不同的挑戰，例如在學業或工作上遇到的困難。這時候，我們真的需要拿出真本領來——各顯神通。李白説：「天生我才必有用。」我們應該學會欣賞自己和他人的優點，發揮一己之長，增强自信，克服前進道路上的困難。

大鬧天宮

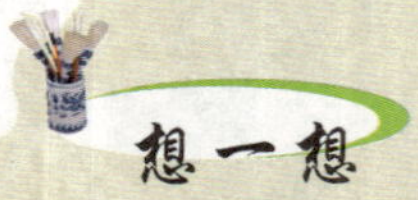

1.你知道孫悟空在天宮闖下了甚麼大禍嗎?

2.孫悟空用上了甚麼法術對付十萬天兵天將呢?

摘盡蟠桃，吃光仙丹

天生猴王變化多，偷丹偷酒樂山窩。
只因攪亂蟠桃會，十萬天兵布網羅。

上面這首詩，是講述齊天大聖孫悟空大鬧天宮，結果惹來十萬天兵追捕的故事。究竟孫悟空闖下了甚麼大禍?

話說孫悟空本來是花果山的猴王，後來得到仙人的指導，學會七十二變和翻觔斗雲的法術，孫悟空心想:「哈哈！我現在天不怕地不怕了。」玉皇大帝爲了降服他，便封孫悟空爲「齊天大聖」，並派他管理蟠桃園。饞嘴的孫悟空看見又大又圓的蟠桃，忍不住一個一個摘下來吃。

過了不久，仙女發現蟠桃園的仙桃不見了，十分驚慌。悟空發現自己闖了禍，但他假裝不知情，還問仙女爲甚麼要摘蟠桃。仙女回答說:「王母娘娘在瑤池舉行蟠桃會，各路神仙都會來臨。」悟空知道後，十分憤怒:「爲甚麼不邀請我?我也是神仙啊！」他一氣之下，駕起雲彩去瑤池搗亂，在會場上大吃大喝一通，才醉醺醺地離開。誰知悟空走錯了方向，去了太上老君的兜率宮。他發現了煉丹房裏的仙丹時，高興地說:「這可是好東西，

孫悟空大鬧天宮

聽説吃了可以長生不老。」悟空看見裏頭没人，便將仙丹全部吃光。

玉皇大帝知道悟空的所作所爲後，大發雷霆，下令十萬天兵捉拿悟空。孫悟空與天兵打起來，把好一個天宮鬧得天翻地覆。

神話世界，歎為觀止

「孫悟空大鬧天宮」取材自中國四大古典小説之一的《西遊記》。《西遊記》是一部家喻户曉的神怪小説，全書運用了奇妙豐富的想像，創造了一個神奇瑰麗的神話世界：孫悟空是從花果山的石頭迸出來的，擁有七十二變的法術，他一個觔斗雲，可以翻出十萬八千里；人參果三千年才開花和結果一次，再三千年才會成熟，人們只要聞一聞就可以活到三百六十歲，吃了一個就可以活四萬八千年；鐵扇公主的芭蕉扇能夠一搧息火，再搧生風，三搧下雨等等。在《西遊記》中，上至天宮，下達地府，所有的事物都充滿神奇色彩，令人歎爲觀止。

反映現實，挑戰強權

《西遊記》中的神話世界，也是現實社會的縮影。例如在天宮中，玉皇大帝就相當於人間的皇帝，擁有至高無上的權力。古時候，面對不公平的現象，人們往往敢怒不敢言；而《西遊記》的作者吳承恩，塑造了天不怕、地不怕的孫悟空，敢於挑戰強權，藉以表達對社會的不滿。故事中，孫悟空對一切的繁文縟節都不屑一顧，就算會見天帝的時候，也不曾三跪九叩。取經的路上，抱著「路見不平，拔刀相助」的精神，爲人排難解紛，降魔伏妖。其實，這些都是作者對現實社會的側面刻畫，生動反映，而「大鬧天宮」可説是最精彩的一幕。

孫悟空大戰妖魔鬼怪

單元二

民間傳說

孟姜女哭崩長城

想一想

1. 爲甚麼孟姜女會哭得那麼凄厲呢？
2. 試想想，長城真的會被哭崩嗎？

千里尋夫

秦始皇修築長城，耗盡了無數人力、物力和財力，也爲後世留下一段哀怨感人的傳説：孟姜女哭崩長城。至今，山海關下仍有孟姜女廟，廟中有楹聯這樣寫道：

孟姜女廟

秦王安在哉，萬里長城築怨；
姜女未亡也，千秋片石銘貞。

秦始皇統一天下後，爲了防止匈奴的侵襲，於是抽調了大批民伕夜以繼日修築長城。孟姜女的丈夫范杞梁也是其中一個。轉眼一年過去了，孟姜女夢見丈夫哭訴：「娘子，好冷啊！我受不了！」孟姜女醒來後，便帶上乾糧和禦寒衣服去尋找丈夫。長途跋涉，歷盡千辛萬苦，孟姜女終於來到長城腳下。孟姜女四處打聽：「請問范杞梁在哪裏？」民伕看著孟姜女，支支吾吾地説：「范杞梁……他不堪勞累，病死了。」孟姜女十分傷心，就在長城下放聲痛哭，哭了三天三夜，長城被她哭塌了八百里長，露出了范杞梁的遺骸。

秦始皇得知後，龍顏大怒，立刻派人捉拿孟姜女。不料，他看見美麗的孟姜女後，強行要娶她爲妃。孟姜女佯稱同意，説：「但是你要披麻帶孝，打幡送葬，爲我丈夫舉行國葬。」秦始皇爲奪得美人歸，便一一應允。可是，孟姜女在安葬丈夫後，痛罵了秦始皇一頓，便投水自盡了。

古長城遺迹

世間有情

古往今來，孟姜女萬里尋夫送寒衣的故事，觸動了不少人的心靈。試想想，那堅如磐石、穩如泰山的長城，狂風吹不倒它，暴雨搖不動它，偏偏一簌簌絕望的眼淚，一陣陣斷腸的哭聲，長城竟然會折腰倒下來！那頹壞了的城牆，崩塌下來的石頭，正好襯托出世間有情。

詩人貫休在《杞梁妻》一詩中慨歎説：

秦之無道兮四海枯，築長城兮遮北胡。
築人築土一萬里，杞梁貞婦啼嗚嗚。
上無父兮中無夫，下無子兮孤復孤。
一號城崩塞色苦，再號杞梁骨出土。

孟姜女對丈夫忠貞和愛護之情，一直是文人和老百姓的熱門話題。今天，中國各地還保留了不少有關孟姜女的民歌和傳説，讚揚孟姜女堅定不移的愛情。

控訴暴政

孟姜女的眼淚，除了表達喪夫之痛外，也控訴了秦始皇的暴政。秦始皇當政時，動用大量的人力物力去興建阿房宮，建造墳墓和長城，給廣大百姓帶來沉重的災禍。可是，在皇權專制的統治下，百姓面對社會的不平，往往是敢怒不敢言。在無法表達心聲的情況下，人們於是就創造了種種傳説，以反映百姓的苦難，渲洩內心的不滿。

今天，我們可以透過不同的方法，如創作歌曲和漫畫，通過大眾媒體等，自由地表達對政府施政的不同意見。與古人相比，我們真是幸運多了，因此，我們應該更珍惜這些權利。

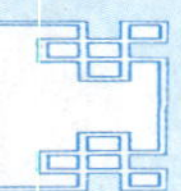

和親大使王昭君

想一想

1．你知道「和親」是甚麼意思嗎？
2．你對古代的「和親」政策有甚麼看法呢？

昭君出塞

唐代詩人李商隱曾經寫下兩句詩：

毛延壽畫欲通神，忍爲黄金不顧人。

爲甚麼詩人會責駡漢宫中的畫工毛延壽呢？故事是這樣的：

相傳王昭君擁有沉魚落雁的容貌，被選入宫中當宫女。後來，漢元帝吩咐畫師毛延壽爲宫女畫像，從中挑選妃嬪。許多宫女都紛紛賄賂毛延壽，希望他可以把自己畫得漂亮一點。王昭君看見如此景象，心中十分氣憤，對毛延壽説：「你這樣做是不對的，要是讓皇上知道，一定會殺頭的。」這下子可開罪了毛延壽，他故意在昭君臉上畫了一顆痣。結果，昭君當然是落選了。

昭君出塞

有一年，匈奴族的首領呼韓邪，向漢朝提出和親的要求。漢元帝欣然答應，决定從宫女中挑選一人，下旨説：「誰人願意到匈奴國去，寡人就把她當公主看待。」王昭君心想：「要是我一輩子得不到皇上的寵愛，豈不是要在宫中終老？不如嫁給外族，不僅可以爲皇上分憂，也可以維護國家的安寧，避免發生戰爭。」於是，王昭君主動要求嫁給匈奴王。昭君到了匈奴後，很快就適應當地的遊牧生活。從此，匈奴和漢朝和睦相處，長達六十多年。

名傳千古

中國歷史盛傳「昭君出塞」的佳話，王昭君獨抱琵琶，遠赴大漠的形象，早已深入民心。千古以來，人們讚揚她爲一代「奇女子」，無懼離鄉別井，肩負起漢族和外族之間和平友好的使命。在她的影響下，漢朝與匈奴之間「三世無犬吠之警，黎庶無干戈之役。」

化干戈爲玉帛

昭君出塞的事跡更觸動了歷代文人的心靈，成爲他們吟詠的對象，正是：

如何一段琵琶曲，
青草離離詠不休。

綜觀古代文學家所寫有關昭君的詩文，或以悲怨淒涼立意，或咒罵畫工的居心不良，或頌讚昭君的功績，林林總總，異彩紛呈，但其基調卻是淒怨。這是爲甚麼呢？昭君以絕代的姿容，受畫工陷害，而不得漢元帝寵幸，遠嫁匈奴，即所謂「紅顏薄命」。這與文人往往「懷才不遇」，有相似之處，於是文人便藉吟詠昭君的身世，既寄託對昭君的憐憫，亦抒發內心的憤懣。

和而不同

「和親政策」使兩個不同的種族能夠和睦相處，當中亦體現了中國傳統文化中重視「和」的特色。中華文化歷來崇尚「和」，強調「中和」、「和氣生財」、「家和萬事興」、「和而不同」等。而「和親政策」目的是爲了避免戰爭，化解華夏民族與邊疆少數民族之間的衝突和分歧，更可以促進經濟和文化的交流。

今天，隨著全球一體化的發展，各國之間的交往也越來越頻繁。可是，因爲社會制度、經濟利益與文化差異的原因，各國的衝突也越來越多。這時候，「和而不同」的精神更形可貴，若能融合他人之長，揚棄自己之短，各民族自然能夠互助互利，和平共處。

劉關張桃園結義

想一想

1.你知道「桃園三結義」是指哪三個歷史人物嗎?
2.你覺得朋友相處之道,最重要的是甚麼?

萍水相逢

話説東漢末年,朝政腐敗,再加上連年災荒,老百姓的日子非常困苦。劉備看見如此景象,經常長吁短歎。有一次,他長歎一聲,忽然,背後有人喝道:「大丈夫不給國家出力,歎甚麼氣?」劉備回頭一看,這人身高八尺,豹子頭,樣子十分威武。他自我介紹説:「我叫張飛,字翼德。」劉備、張飛一見如故,言語投機,便相約到酒家飲酒敘話。

正值他們暢飲之時,有一個身高九尺,胸前長鬚飄飄的人進來喝酒。劉備心想:「這個人一定非等閒之輩,何不邀他過來同坐。」於是,上前詢問姓名,那人回答:「我姓關名羽,字雲長,因鄉里惡霸仗勢欺人,我一怒之下把他殺了,逃到外鄉避難已有五六年。」關羽的行俠仗義,令劉備、張飛十分敬佩。三人雖是萍水相逢,但言談之間,志同道合,於是相約到桃園焚香禮拜,結爲異姓兄弟,誓同生死。劉備是老大,關羽是老二,張飛最小。後來,他們便一邊招兵買馬,一邊打造兵器,同心協力打江山,闖天下。

英雄本色

劉備、關羽和張飛都是三國時代的英雄人物,但三人的性格各異。民間流傳這樣的一個傳説:

相傳三人結義時,不知如何決定排行次序,張飛指著桃園中的棗樹提議説:「以我之見,不如我們三人以爬上這棵樹的先後來作決定。」劉備、關羽都十分贊同。張飛力大,且性急魯莽,最快爬

桃園三結義

上樹頂；關羽居中，不徐不疾；劉備居後，慢條斯理。正當張飛洋洋得意之時，劉備卻説：「樹是先生根，後長幹，最後才出樹梢。樹既是從下往上長的，難道不是越在下面排行越大，越在上面排行越小嗎？」張飛和關羽聽後，心服口服，就尊劉備爲長兄。

一個簡單有趣的民間傳説，卻道出了三人的性格特點。劉備思路敏鋭，口才了得，是政治人才；關羽性格冷靜，有大將之風；張飛心粗膽大，爲一介莽夫。

誠信相交

根據史書記載，劉備、關羽和張飛三人曾經許下諾言：「同心協力，救國扶危。上報國家，下安黎庶。」三人雖爲異姓兄弟，卻能夠互相信任，同心協力打天下。他們以「誠信」相交，生死相許，一直爲後人歌頌傳揚。

怎樣才可以結交「心腹之友」呢？古語説：「與朋友交，言而有信」、「久不相見，聞流言不信。」真正的友情是建立在「誠實」、「信任」的基礎上的，朋友之間要以誠信相待。

「桃園三結義」的傳説，體現了朋友相處之道，貴在「誠信」二字，這是中國傳統美德之一。今天，「誠信」二字仍然是交友之道，朋友间除了一起吃喝玩樂外，更重要的是互相扶持和鼓勵。

女中豪傑花木蘭

想一想

1. 爲甚麼木蘭要代父從軍呢？
2. 你會如何孝順父母呢？

女扮男裝，代父從軍

南北朝時，北朝樂府民歌《木蘭詩》，寫花木蘭女扮男裝，代父從軍的始末。爲甚麼木蘭要這樣做呢？《木蘭詩》説：

昨夜見軍帖，可汗大點兵，
軍書十二卷，卷卷有爺名。
阿爺無大兒，木蘭無長兄，
願爲市鞍馬，從此替爺征。

花木蘭代父從軍

原來，有一年，外族入侵邊境，官府發來一道道緊急徵兵文書，徵召木蘭的年老父親上戰場。木蘭心想：「阿爹已經滿頭白髮，身體虛弱。可是，弟弟年齡還小，怎麼辦呢？」她靈機一動：「我可以代替阿爹去從軍呀！」第二天，木蘭買來戰馬和戰袍。回家一打扮，嘿，真是個好威武的戰士啊！父母見狀，也就答應讓木蘭去從軍了。

立下戰功，辭絕封賞

木蘭自幼跟從父親習武，驍勇善戰；她從軍十年，立下無數的戰功，成爲戰場上的英雄。凱旋歸來，將士都領受了豐厚的獎賞。可汗向木蘭說：「花將軍，你的功勞最大，孤家封你爲尚書郎。」木蘭回答：「啟奏大王，木蘭不想當官，我只想回故鄉侍奉爹娘。」木蘭的一片孝心感動了可汗，於是可汗派遣木蘭的夥伴護送她回家。

回到久別的家，木蘭歡喜極了。她奔進閨房，卸下戰袍，換上羅衣。當木蘭走出閨房的時候，軍中的夥伴都嚇了一跳：「哇！我們真笨，共同生活了十多年，竟然不知道木蘭是女孩子。」

英雄本色，孝女形象

千百年來，花木蘭在人們心目中的形象，不僅是一位巾幗英雄，而且是一位孝順的乖女。她的孝順之心，受到人們的稱許。中國人一向都很重視孝道。《孝經》說：「人之行，莫大於孝。」又說：「夫孝，德之本也。」可知孝道是最基本的德行，孝順父母是最重要的。花木蘭就具有這樣的美德。

那麼，你會如何孝順父母呢？是勤力讀書，是愛護兄弟姐妹，還是分擔家務？相信每個人都會有不同的答案。可是，你知道最重要的是甚麼嗎？孔子論孝說：

> 今之孝者，是謂能養。至於犬馬，皆能有養。不敬，何以別乎？

意思是說：「現在的人，以爲能養活父母，就是孝順。而人們也能養活犬馬，若是對父母沒有敬意，跟養狗養馬有甚麼不同呢？」原來，兒女以「尊敬之心」去關懷、愛護父母，才是最珍貴的。

侍奉年老的父母

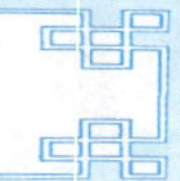

梁祝精魂化彩蝶

想一想

1. 爲甚麼祝英台要「女扮男裝」去上學呢？
2.「梁祝化蝶」有甚麼象徵意義？

祝英台女扮男裝

千百年來，中國民間流傳著一句俗語：「若要夫妻同到老，梁山伯廟到一到。」梁山伯與祝英台忠貞不移的愛情故事，流傳甚廣，婦孺皆知，被稱爲東方的「羅密歐與朱麗葉」。

梁祝化蝶

相傳祝英台生於東晉，自幼聰明伶俐，希望能夠到學堂讀書。有一天，祝英台靈機一動，把自己喬裝打扮成男子，到堂上懇求父母說：「爹娘，我想去杭州讀書，求求你們答應我吧！」父母看見她主意已決，唯有答允。

在「梁祝」的戲曲中，祝英台有這樣的唱詞：「但願爹娘相允許，讀得詩書稱我心。」又說：「若然錯過没思學，痴呆一世枉爲人。」從這裏，可以看見祝英台求學心切。可是，爲甚麼她要「女扮男裝」呢？原來，在古代，上學讀書只是男性的特權，女性的角色是「主內」，平日是「三步不出閨門」，學習的是刺繡、縫紉、彈琴、烹飪等。而祝英台爲了爭取求學的機會，便「女扮男裝」上學，打破了傳統的束縛。

芳心暗許梁山伯

前往杭州途中，英台巧遇書生梁山伯，二人志趣相投，便義結金蘭，結伴同行。同窗三年，二人形影不離，情深誼厚，英台更芳心暗許；可是山伯個性憨直，並不知情。後來，祝父催女歸家，英台臨別之時，假託爲妹作媒，囑咐山伯早日迎娶。英台又向師母透露「女扮男裝」的真相，並請求代爲轉告山伯。

當山伯得知英台爲女兒身後，趕往祝家，不料祝父已將英台許婚太守之子馬文才。兩人樓台相敘，見姻緣無望，不勝悲憤。山伯歸家後病故，英台聞耗，誓以身殉。馬家迎娶之日，英台堅決要求花轎繞道至山伯墳前祭奠。正當英台哭拜時，突然風雷大作，墳墓爆裂；英台見狀，奮不顧身地跳進去，墳墓又再度閉合起來。不久，便從墳墓裡飛出一對翩翩的彩蝶……

無可奈何化雙蝶

「梁祝化蝶」是梁祝傳説成爲經典的神來之筆，充滿浪漫色彩。然而，化蝶雙飛，畢竟是一個無可奈何的選擇。傳統社會中，講求「父母之命，媒妁之言」和「竹門對竹門，木門對木門」，子女的戀愛婚姻，由父母作主。祝英台在孤獨無助的情況下，唯有以「死」作出反抗，表明心跡。

梁祝的愛情故事典型地反映了古代中國人的愛情觀，即「生不能同衾」，也希望「死能同穴」，現實中不可能實現的愛情理想，希望從想像中的另一空間得到圓滿。梁祝死後，精魂化爲彩蝶，這個故事確實是很淒美的。可是，蘊含在淒美背後的意義，更是值得世人深思的。

强行拆散婚姻

白娘子水淹金山寺

想一想

1. 傳説被鎮壓在雷峰塔下的女子叫甚麼名字呢？
2. 你對「不在乎天長地久，只在乎曾經擁有」的愛情觀有甚麼看法呢？

白蛇報恩

你聽説過白娘子與書生許仙的愛情故事嗎？相傳許仙前世救了一條白蛇，白蛇修煉成精後，變成女子，取名爲白素貞，帶着青蛇修煉成的婢女小青前來報恩，與許仙結爲夫婦。不久，白素貞懷了孕。有一天，許仙在回家途中，遇見高僧法海，法海説：「哎呀！施主，你娘子和婢女是蛇精啊。」許仙聽後不以爲然，哈哈大笑地説：「胡説八道，我娘子又怎會是蛇精呢？」

鬥法失敗

法海爲了降服白娘子，把許仙騙上金山寺軟禁起來。白娘子大怒，便施法術引來大水，淹灌金山寺。法海馬上以袈裟和紫金鉢懸掛在門前，阻擋大水，吆喝道：「白蛇，你好大的膽子，竟敢與我鬥？」白娘子不甘示弱回答：「你又憑甚麼分開我們夫妻？」這時滔滔大水快要把金山寺淹沒了，可是，白娘子因臨盆而肚子作痛，結果功敗垂成。白娘子將嬰兒交給小青，命她趕快逃走。法海很快追上來，取出紫金鉢，將白素貞收入鉢內；然後，將她鎮壓在西湖雷峰塔下。

白娘子水淹金山寺

很多年後，白娘子的兒子長大成人，並且考上狀元。小青、許仙同兒子到塔前拜祭。這時候，觀音菩薩出現，祂伸手一指，白娘子終於跳出塔底。菩薩告誡說：「你和小青可以返回天庭，繼續修行。」白娘子看見相公和兒子，已經心滿意足，便聽從菩薩的話，不再留戀人間。

情動天地

蛇讓你聯想起甚麽呢？是可怕的樣子，還是劇毒，抑或是不同的詞彙，如「蛇蠍美人」、「蛇蠍心腸」、「蛇口蜂針」、「蛇心佛口」、「龍蛇混雜」、「虎頭蛇尾」等。蛇，似乎是不討人歡心的動物。可是，千古以來，白娘子卻深受百姓的喜愛，那是爲甚麽呢？或許，這和許仙、白素貞對愛情的堅貞執著有密切的關係。白娘子敢愛敢恨，敢與法海抗爭，她說：

任你罩下黃體鉢，人間的情愛總不磨。

又說：

法海，你縱有西天金鉢威力大，滅不了我夫妻恩愛情義長。

白娘子勇敢追求自己的幸福，當許仙遇上困難時，她更奮不顧身地拯救他。這種對愛情婚姻的堅定，正是打動人們心靈的重要因素。

俗語說：「十年修得同船渡，百年修得共枕眠。」中國傳統愛情觀重視忠貞和承諾，追求天長地久。《白蛇傳》中，許、白對愛情的堅定就是一個好例子。儘管法海使出不同的辦法拆散他們的姻緣，可是，二人始終此情不渝。

回看當今社會，有人認爲愛情「不在乎天長地久，只在乎曾經擁有」。戀人的離離合合，婚姻的不穩定，已經成爲一種嚴重的社會現象。或許，許仙和白娘子的故事可以給人們帶來一點啓發吧！

中國傳統愛情觀重視忠貞和承諾

鐵面無私包青天

想一想

1. 爲甚麼包公有「活閻羅」、「青天大老爺」之稱呢？
2. 你知道爲甚麼包公的臉是黑色的嗎？

怒擲硯台

包拯是北宋有名的清官，他一生盡忠職守、愛民如子，百姓都尊稱他爲「包青天」或者「包公」。民間有這樣的一個傳說：

話說有一年，包拯來到端州做官。端州出產的硯台非常著名，是進貢的禮品。有一天，包拯路過製造硯台的地方，聽到一名工匠說：「唉！每年都要交幾十個硯台給官府，但工錢卻少得可憐！」另一個工匠忿忿地說：「那些當官的根本不管我們死活，只管自己發財！」

包拯回到衙門後，便查核真相。他發現地方官員每年都多徵收幾十個硯台，用來賄賂朝廷的大官，好讓自己升官發財。包拯十分憤怒，一方面嚴懲貪官污吏，一方面頒布法令：「每年只准徵收上貢數量的硯台，不得多徵，也不得扣減工錢。」百姓得知後，都說：「太好了！包公真的明察秋毫。」

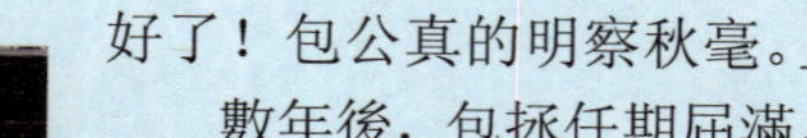

包公塑像

數年後，包拯任期屆滿，乘船離開端州。起初天氣風和日麗，但是當船行駛到開採硯石的地方時，突然風雲變色，巨浪滔天，船隻不能前進。這時，隨從在船上搜出一塊端硯，說：「大人，這是鄉紳偷偷地送給你的。」包拯說：「如果我接受這份禮物，豈不是成了貪官？把它丟到水裏去吧！」說也奇怪，當他把硯台拋掉後，江上立刻變得風平浪靜。

人間「活閻羅」

包公審案情景

宋代以來，民間流傳着很多關於包公審判奇案的故事，如「怒斬陳世美」、「巧判牛舌案」、「狸貓換太子」等，都是頌揚包公的清廉正直，執法不阿。百姓更相信包公有管理陰間和陽世的能力，白天治理陽世，夜間管治陰間。因此，包公有「青天大老爺」、「活閻羅」及「閻羅天子」之稱。

今天，包公在電視或電影的造型都是一臉黑色，額頭上有一道彎月，這是甚麽原因呢？原來，包公的黑臉象徵他忠正耿直、鐵面無私；那道彎月，是表示他有審鬼魂的本事。清代詩人曾經讚道：

黑面閻王存嚴威，輕取虎鬚藐權貴。
驚堂一木開封動，陰司至今渾渾雷。

詩人稱讚包拯剛正不阿，敢於向皇帝直言進諫，不畏強權，威嚴震懾陰間。

肅貪倡廉

包拯曾經説：「爲官者，清廉是人們的表率，而貪贓則是『民賊』。」包拯一生最痛恨貪污，他認爲官員要以身作則，不可貪贓枉法。

「香港勝在有 ICAC」。廉政公署成立於 1974 年，希望透過執法、預防和教育三管齊下的方法，打擊貪污。可是，這是否只是廉政公署的責任呢？古人説得好：「國家興亡，匹夫有責。」要建立一個廉潔的社會，是人人有責的。因此，我們應該培養良好的品行和正確的價值觀，勇於舉報貪污，把貪污的人繩之以法，維護社會的法治。

你想香港成爲廉潔的社會嗎？其實，只要我們齊心支持「肅貪倡廉」的工作，願望一定可以達成的。

一門忠烈楊家將

想一想

1. 你看過楊家將的電視劇或戲曲嗎？
2. 你能够説出多少個楊家女將的名字呢？

「無敵」救駕

猜一猜，下面歇後語的答案是甚麼？

楊家將出征——

如果猜不著，先來聽聽有關楊家將的傳説：

北宋以來，民間廣泛流傳着楊家將的故事。其中，楊業屢建戰功，所向無敵，人們尊稱他説「楊無敵」。據説有一次，宋太宗御駕親征，帶領軍隊與遼軍作戰。戰事持續多月，宋軍已經疲憊不堪，節節敗退，遼軍乘勝追擊。這時候，已經潰不成軍，太宗惶惶無措。禍不單行，敗退途中，兵馬又陷入泥沼中，步履艱難。正在緊要關頭，前面跑來一隊人馬，太宗以爲是遼軍追兵，仰天長歎道：「唉！難道寡人要命喪於此？」及至軍隊來到近前，才知道是楊業的隊伍，太宗喜出望外。

楊業兵敗被困，撞死於李陵碑前

突然，前方傳來：「殺啊！把宋軍殺個片甲不留。」太宗慌張起來，問道：「敵軍又追來了，怎麽辦？」楊業冷靜地説：「請皇上騎馬先行，末將會對付敵軍。」楊業驍勇善戰，宋軍士氣大振，終於把遼軍擊退。

後來，楊業戰死，兒子楊延昭、孫子楊文廣也繼承了「忠心報國」的家風，馳騁沙場。

楊門女將

在男耕女織的傳統社會裏，女性所擔負的職務，主要包括養育兒女、操持家務，乃至兼理養蠶、繅絲、紡紗、織繡、製衣等。古人認爲「女子以柔弱爲美」、「女子無才便是德」。可是，在楊家將的傳說中，除了驍勇善戰的男將外，楊門女將也「巾幗不讓鬚眉」，精通兵書，馳騁沙場，保家衛國，屢建奇功，堪稱「一門忠烈」。

穆桂英掛帥

民間傳說如「穆桂英掛帥」、「佘太君百歲掛帥」、「十二寡婦征西」等，一個個栩栩如生的女將形象，家喻户曉，婦孺皆知。

愛國如家

民間豐富多彩的楊家將傳說，突出楊家上下齊心對抗外敵，保衛國土的精神。「楊家將出征」的歇後語就是「全家出動」，這種「忠君愛國」的情懷，令後人欽佩。

生於香港的年輕一代，幸運多了，不須接受軍訓，還有不同的紀律部隊維護社會秩序，保護市民的安全。時下有一句名言：

不要問國家爲我做了甚麼，要問我爲國家做了甚麼。

你有没有想過如何貢獻國家呢？「愛國」好像是很高深的學問，可能會難倒很多人。其實，「愛國」的道理很簡單，就是要「愛國如家」，把愛護、關心家人的行爲加以擴充，關心國家、人民，這就是「愛國」的一種表現了。

「瘋僧」濟公傳奇

想一想

1. 你知道「濟公」兩字的意思嗎?
2. 你認爲「瘋僧」與「活菩薩」可同時用來指稱同一個人嗎?

遊戲人間，瀟灑走一回

傳説濟公的父親名叫李茂春，母親爲王氏，夫婦兩人年過三十，尚無子嗣，於是日夜求神祈佛。某夜，王氏夢見一尊羅漢贈以一朵五色蓮花，王氏接過蓮花吞食，不久就身懷六甲，產下一子，夫妻欣喜萬分。滿月時大宴賓客，高僧性空也前來祝賀，賜名爲「修元」，並解釋道:「修元乃是『佛家根器』，爲羅漢轉世，可投『遠瞎堂長老』爲師。」

修元「根器」不凡，書論詩賦，無不精通。十八歲那年，他前往西湖靈隱寺剃度爲僧。遠瞎堂長老知道修元是羅漢轉世，前來人間嬉戲一番，便收爲門下弟子，賜法號「道濟」。從此，濟公經常手持大蒲扇，不守清規，言行瘋癲，常常喝酒吃肉，時人稱爲「濟顛」。

濟公

有一天，遠瞎堂長老在大殿召集衆弟子，在衆人面前問濟公:「出家人爲何飲酒吃肉，不怕影響你的修行嗎?」濟公回答説:「酒肉穿腸過，佛在心中坐。」濟公認爲「佛」在心中，只要誠心修煉，任何方法也可以得成正果的。遠瞎堂長老聽後，內心歡喜，決定將衣缽傳與濟公。

濟公「掃秦」，大快人心

曾經有人問濟公：「你爲甚麼常常瘋瘋癲癲，狂言醉語？」濟公回答道：「眾生皆醉，我若不醉，如何醉裏度他？」原來，濟公時而裝瘋賣傻，時而爛醉如泥，是爲了普度眾生，嚴懲誤國奸臣、貪官污吏。

話説秦檜到靈隱寺上香，濟顛拿著一把掃帚和一根吹火筒迎接。秦檜看見，感到詫異。濟公不疾不徐地説：「這把掃帚，在佛堂上掃除灰塵，在金鑾殿上掃除奸臣；這吹火筒，兩頭通，私通番邦，對著一吹，便狼煙四起。」秦檜聽後，面有慍色。百姓對秦檜陷害岳飛，禍國殃民，早已恨之入骨。濟公不畏權奸，當面嘲弄秦檜，大快人心。

無私奉獻，濟世助人

濟公不畏強權，又能扶助弱小，深受人們的歡迎，大家尊稱他爲「濟公」。何謂「濟公」呢？「濟」就是幫助，「公」就是無私。濟公爲了濟世救人，常常以嬉笑怒罵、幽默風趣的方式，引導百姓向善；遇上不平之事，不論貴賤，都會拔刀相助。這種無私的助人精神，一直爲後人所稱讚。

今天，有人批評現代商業社會是「個人主義」和「功利主義」主導，人們只重視個人的利益，變得自私和無情。可是，人類是群體而居的，若是人人各懷私心，不能互相幫助，社會是不會進步的。濟公這種濟世精神，可以給我們帶來一點甚麼啟示呢？

護航女神天后媽祖

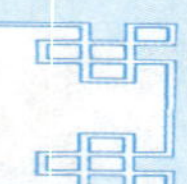

想一想

1. 你知道誰是中國的「海神」嗎？
2. 爲甚麼香港特別多「天后廟」呢？

通賢靈女

天后媽祖神像

相傳天后姓林名默，福建省莆田縣人，生於農曆三月二十三日，出生時已有異象：紅光滿室，香氣四溢。可是，天后自出世至滿月，不啼不哭，他的父親心想：「難道這個孩子是一個啞巴？這樣就取名爲『默』吧！」

轉眼間，五年過去了。有一天，天后突然開口説話，全家都十分高興。天后自幼非常聰穎，八歲入讀私塾，過目成誦。後來，有一個道士對天后説：「你有仙骨，應會修成正果。若你拜我爲師，我會傳授法術和醫術給你。」天后欣然答應。從此，天后依法修煉，學會了各種法術，替人治病，並常渡海，在驚濤駭浪中拯救遇險船隻，聞名遐邇，大家尊稱她爲「通賢靈女」。二十八歲時，天后辭別諸姐，獨上湄峰最高處，升天羽化而去。百姓爲了感謝天后，於是立廟供奉，祈求保佑。

封后晉爵

因爲天后極爲靈驗，自宋至清，歷代皇帝敕賜褒封多達四十餘次。不僅民間祭祀，朝廷也派大臣禮祭，並載入國家祀典。

天后的信仰是起於民間的。民間稱她爲「媽祖」，而「媽祖」是對未婚女子的稱呼，這反映百姓對天后的獨特情感。民間更流傳一個有趣的說法：當遇上大難時，要是呼叫「媽祖」，她會立即來拯救；可是，如果稱呼她的封號，因爲她要梳妝打扮，穿上朝服，反而會耽誤時間。

香火鼎盛

天后升天後，仍然不忘百姓，經常顯靈拯救海難，護佑船隻，被人們尊奉爲「海神」。時至今日，全世界的天后廟有一千五百多座，爲中國大陸、台灣及其他東南亞沿海地區的人們所奉仰。

香港地處南中國海，以前的居民大都靠捕魚維生。很自然，本港的漁民便信仰天后，希望天后保祐他們在海上平平安安。每年農曆三月二十三日，是天后誕辰。香港二十多所天后廟都會舉行盛大慶典，既有神功戲表演，也有舞獅，好不熱鬧。一些位於海旁的天后廟，還會有張燈結綵的舢舨和漁船靠泊齊集，慶賀天后誕辰。

面對變化莫測的海洋，古今不少的漁民都會供奉天后，祈求庇祐。天后作爲「海神」，受到普遍的尊崇，可說是代表了中國一種海洋崇拜的文化。

天后廟香火鼎盛

單

元

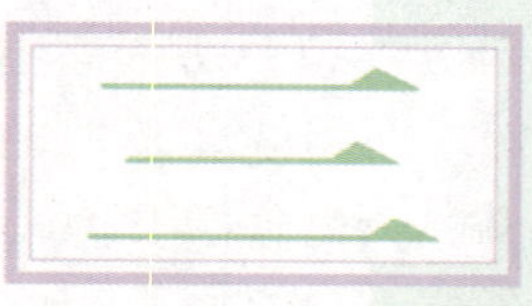
三

日

3

社

會

習

俗

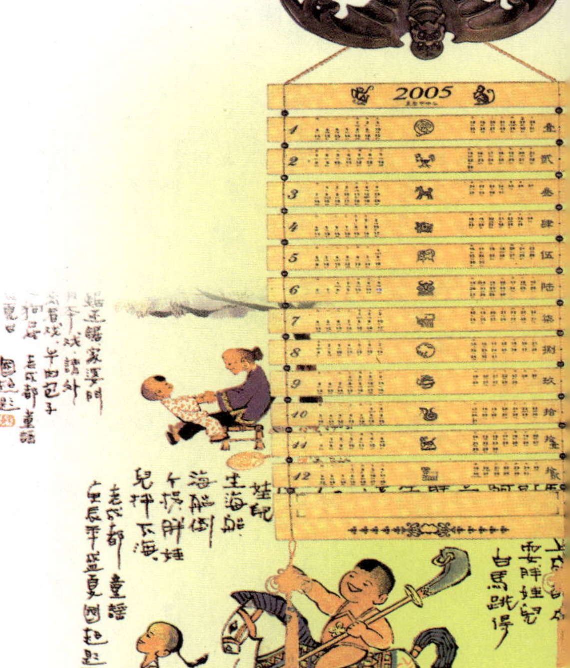
2005

廿四節氣分四季

想一想

1. 冬至是農曆的節令，爲甚麼常年卻固定於陽曆 12 月 22 日？
2. 你知道春、夏、秋、冬四季是怎樣劃分的嗎？

農曆與陽曆

二十四節氣是我國傳統的農曆曆法。冬至是二十四節氣之一，人們常年又都是在陽曆 12 月 22 日這天回家吃冬至的團圓飯。二十四節氣與陽曆究竟有甚麼關係呢？

二十四節氣是根據地球公轉的位置劃分的。地球環繞太陽公轉一周爲 360°，平分爲二十四份，即每 15°爲一個節氣。由於二十四節氣的劃分有利於農事活動，所以在中國傳統曆法中，很早就已存在。我們現在所用的陽曆也是以地球公轉一週爲一年，所以二十四節氣既是我國的農曆曆法，也和陽曆是配合的。

二十四節氣的陽曆大致排序：

二月	三月	四月	五月	六月	七月
立春	驚蟄	清明	立夏	芒種	小暑
雨水	春分	穀雨	小滿	夏至	大暑
	春季			夏季	

八月	九月	十月	十一月	十二月	一月
立秋	白露	寒露	立冬	大雪	小寒
處暑	秋分	霜降	小雪	冬至	大寒
	秋季			冬季	

爲了方便記憶，有人編了一首《二十四節氣歌》：

春雨驚春清穀天，夏滿芒夏暑相連。
秋處露秋寒霜降，冬雪雪冬小大寒。

春夏秋冬圖意

怎樣分四季

中國大約在三千年前，即西周時代就已經有了春、夏、秋、冬四季的名稱。我們的祖先是怎樣劃分四季的？他們最先測定的是冬至和夏至，這是二十四節氣中最早得名的兩個節氣。他們把一根竹竿立在地上，發現竹竿的影子在夏至那天的正午最短，在冬至那天的正午則最長；而影子最短那天白晝則最長，影子最長那天則是黑夜最長。

後來，他們在實踐中發現，一年之中有兩天白晝和黑夜是一樣長的，這兩天剛好在春天和秋天的中間，所以稱這兩天分別爲春分和秋分。

到了戰國末期, 又增加了立春、立夏、立秋、立冬四個節氣，加上原本的四個, 共有八個節氣，稱爲八節。這八節剛好把一年分爲八段，春、夏、秋、冬四季的時間就這樣確定下來，稱爲「四時八節」。西漢時期，又把八節發展爲二十四節氣，一直流傳至今天。

香港的節氣

中國幅員遼闊，季節氣候的變化不是每個地區都相同的。二十四節氣產生於黃河中下游，所反映的主要是那個地區的氣候變化；而南方地區的緯度和地理都和北方有所不同，二十四節氣所預測的氣候資料便沒有那麼準確了。

香港在中國的南方，又近海洋，所以季節和氣候的變化和二十四節氣不同。香港的夏季特別長(約由五月至九月)，冬季短而不明顯，因此不能像二十四節氣那樣清楚地分爲四季。

二十四節氣的確定，展示出先民們聰慧過人的智能，對農耕生活具有重大的指導意義。

十二生肖奇趣錄

1. 十二生肖爲甚麼没有貓?
2. 你知道生肖爲甚麼是十二個嗎?

十二生肖排座次

貓爲甚麼那麼怨恨老鼠，一見老鼠便追著要吃牠?

據説混沌初開的時候，玉皇大帝下令召集所有動物前來，按到達的先後配搭子、丑、寅、卯、辰、巳、午、未、申、酉、戌、亥十二地支次序，作爲人的生肖。消息傳開後，貓和老鼠都想參加排座次，但貓知道自己有貪睡的習慣，所以吩咐好朋友老鼠第二天早上五更便叫醒他，一同上天庭。老鼠嘴上答應，第二天卻獨自悄悄出了門，没有叫醒貓。

老鼠在路上遇到了牛，於是結伴同行，老鼠騎在牛背上，快到集合地點時，從牛背上飛身躍下，趕在牛前頭。

老鼠和牛來到天庭後，其他動物如龍、虎、馬、羊、猴、雞、狗、豬、兔、蛇等也相繼到達了凌霄殿。

玉帝命令豬負責排列次序，豬把自己的名字放在第一位。座次表交到玉帝手中，玉帝看了，指著豬生氣地説：「豬卿家，你的私心太重了！」提筆便把豬改爲最後一名。於是十二種動物便按十二地支順序排定了：

十二生肖

子	丑	寅	卯	辰	巳	午	未	申	酉	戌	亥
鼠	牛	虎	兔	龍	蛇	馬	羊	猴	鷄	狗	豬

貓醒來時已經爲時太晚了，因而榜上無名，從此與老鼠成爲宿敵。

由生肖推算年齡

現在你只要告訴人家屬甚麼生肖，別人就能推算出你的年齡。因爲生肖是按十二地支排列，每十二年循環一次，只要知道你屬哪個生肖，再看看你的大約年紀，便知你是哪一個循環中的哪一年出生了。以下便是其中一個生肖循環：

年份	生肖	干支
1984	鼠	甲子
1985	牛	乙丑
1986	虎	丙寅
1987	兔	丁卯
1988	龍	戊辰
1989	蛇	己巳
1990	馬	庚午
1991	羊	辛未
1992	猴	壬申
1993	鷄	癸酉
1994	狗	甲戌
1995	豬	乙亥

你也可試試問問你的朋友屬甚麼生肖，然後推算出他的出生年份。

生肖 = 運程？

十二生肖推算年齡的方法，以動物為標誌，自然比單獨以地支推算有趣得多。這是民間的發明，就好像今天我們見到國際性的奧運會，也有以動物爲標誌的「吉祥物」一樣，頓添很多意趣。

有些人把焦點放在十二生肖的運程上，研究屬甚麼生肖的人，會有甚麼樣的性格，今年的運程怎樣。這無疑是一種有趣味的活動，但如果完全相信這些玩意兒，就會流於迷信。試問同屬一生肖的人那麼多，又怎麼會有那麼多人都同一命運呢？十二生肖，可以作爲有趣的話題，但作爲命運方向的依據，則不可當真。

十二時辰一晝夜

想一想

1. 你知道自己是哪個時辰出生的嗎？
2. 古代的人是怎樣計算時辰的？

紀時名稱

古人計時，按天色把一晝夜分爲若干時段，每時段有不同的名稱，例如商朝的人把晝夜分爲「日」和「夕」兩個大時段。「日」爲太陽的形狀，指白天；「夕」爲月亮的形狀，指晚上。後來又有其他時段概念，例如：

時段	日出時	將近日中時	太陽正中時	太陽西斜時	日將落時	日落之後
名稱	旦 早 朝 晨 明	隅中	日中 日報 亭午	日昃 昃	日曛 日入 日夕 暮	黄昏 昏

「旦」，太陽剛剛升出地平線的形狀，指早上。「朝」，太陽已從草叢中升起，可是月亮還沒有下去。意思指天亮的時候。「暮」，原来寫作「莫」字，太陽已經落到草叢裏，指傍晚，時候不早的意思。

後來爲方便計時，把一晝夜分爲十二等份，每一等份爲一個時辰。最初十二時辰各有自己的名稱；西漢時期，漢武帝用十二地支代表十二時辰，每一時辰等於現在的兩小時，表列如下：

舊名	夜半	雞鳴	平旦	日出	食時	隅中
地支	子	丑	寅	卯	辰	巳
時間	23:00-01:00	01:00-03:00	03:00-05:00	05:00-07:00	07:00-09:00	09:00-11:00
更	三更	四更	五更			

日中	日昳	晡時	日入	黃昏	人定
午	未	申	酉	戌	亥
11:00-13:00	13:00-15:00	15:00-17:00	17:00-19:00	19:00-21:00	21:00-23:00
				初更	二更

一夜分五更

古人除了以十二地支計時外，還以「更」爲夜晚的計時單位。他們把一夜分爲五更，每更相當於兩小時。每晚戌時入更，也就是現在晚上七時。戌時爲初更天，亥時爲二更天，子時爲三更天，如此類推。我們現在仍常用「三更半夜」來形容時間很晚。蘇東坡有詩句云：「殷勤昨夜三更雨，又得浮生一日涼。」就是說昨天半夜下了一場雨，使他又度過了涼爽的一天。

古人也用一種「銅壺滴漏」儀器計時，把一更分爲5點，每點大約相當於現在的24分鐘。還有用「刻」計算的，將一夜分爲100刻，每刻約爲現在的14分鐘多一點。所以今天我們也把15分鐘稱爲「一刻鐘」。

銅壺滴漏計時辰

古人日間用的計時儀器叫「日晷(音鬼)」，又名「日規」，是利用日影測定時刻的儀器。夜間沒有太陽，古人曾用「銅壺滴漏」來計時。初期的漏壺只有一隻壺，在壺中裝上一支有刻度的木箭，水從壺底的小孔漏出，越來越少，木箭會隨著水位下降而下沉，看木箭的刻度便知道時辰。但由於水多和水少會使滴漏速度有快有慢，計時並不準確，後來經過改良，發展爲多壺式。例如四壺式的，由上至下四個銅壺，上面三個壺底有小孔，最上一個壺盛滿水後，水即逐漸流入下面各壺，最下一個壺內裝有一浮標，水漸高，標也漸升，看標和刻度便可知時辰。

銅壺滴漏

這些計時器當然不及現代的高科技計時器那麼準確，但從當時的科技知識水平來說，能夠發明這樣的計時器，已極不簡單了。

天干地支多妙用

想一想

1.「甲午戰爭」的「甲午」是甚麼意思？
2.你知道自己出生年份的干支嗎？

天干地支紀年法

中國歷史上有所謂「甲午戰爭」、「戊戌變法」、「辛亥革命」；香港主權回歸是公元1997年，按農曆的説法是丁丑年。「甲午」、「戊戌」、「辛亥」、「丁丑」都是天干地支紀年法。據説「干」是樹幹的意思，「支」是樹枝的意思，表示樹幹和樹枝的主從關係。另外，古人又認爲「天」爲主，「地」爲從，互相配合，有如樹幹和樹枝，所以就有「天干」和「地支」的説法。這是我國古代用來表示年、月、日、時的次序，可以周而復始，循環使用的一種曆法。以下是十天干和十二地支：

天干	甲	乙	丙	丁	戊	己	庚	辛	壬	癸		
地支	子	丑	寅	卯	辰	巳	午	未	申	酉	戌	亥

把天干和地支按順序互相配搭，可成爲六十個組合，例如第一個是「甲子」，第二個是「乙丑」，第三個是「丙寅」，依此類推。到第六十個組合「癸亥」，天干共有六個循環，地支則有五個循環，其後便由「甲子」重新開始。所以用天干地支紀年，每六十年重複一次，第六十一年又是甲子年了。我們稱六十歲爲「花甲之年」，就是由此而來的。

若知某一年的干支紀年，便可推算前後各年份的干支紀年。下面是2000年至2011年的干支紀年：

庚辰	辛巳	壬午	癸未	甲申	乙酉	丙戌	丁亥	戊子	己丑	庚寅	辛卯
2000	2001	2002	2003	2004	2005	2006	2007	2008	2009	2010	2011

我們也可以由公元某年推算出干支年號，公式如下：

公元年數 ÷ 10 的餘數 − 3= 天干序數（如餘數 ≥ 3 − 再加 10）

公元年數 ÷ 12 的餘數 − 3= 地支序數（如餘數 ≥ 3 − 再加 12）

例　1997 年 ÷ 10 的餘數是 7；7−3=4：天干的第四位是「丁」

1997 年 ÷ 12 的餘數是 5；5−3=2：地支的第二位是「丑」

由此可知 1997 年是丁丑年。

干支紀年法一個周期爲六十年，循環不已，永無窮盡；但缺點是容易重複，如果年代久遠則不容易分辨出來。

天干地支算命法

干支除了用來紀年外，還可用來紀月、紀日和紀時。商代已用干支紀日，不論月大月小、閏年平年都可以用，十分準確。但因爲不是每月初一起計，所以現在要查萬年曆才得知正確的紀日干支。

春秋時代，已有用十二地支紀月的記載：

正月	二月	三月	四月	五月	六月	七月	八月	九月	十月	十一月	十二月
寅	卯	辰	巳	午	未	申	酉	戌	亥	子	丑

現在有所謂利用「八字」算命的方法，就是說每個人的出生年、月、日、時，各有不同的干支，所以共有八個字，算命先生便說可根據每個人這八個字的干支來推算命運。這是傳統的命運說，尤其在人遇到挫折時，總喜歡求命運之說。

其實，命運之說不可當真。如果命運說是真的，人類又怎會努力爭取進步呢？如果一個人的命運早就定下來，那麼我們的努力還有何意義呢？

陰陽五行藏玄機

想一想

1. 八卦是由哪兩個符號組成的?
2. 五行是哪五種物質?

陰陽兩兩相對

現在我們稱那些説東道西的週刊爲「八卦週刊」，你知道「八卦」的含義及起源嗎？八卦是我國古代的一套有象徵意義的符號，相傳是伏羲所創，後來用以占卜。八卦由陰陽兩爻組合而成，- -是陰爻，——是陽爻。這兩個是基本符號，稱爲「爻」，每三爻重疊成爲一個卦，可以有八個組合。

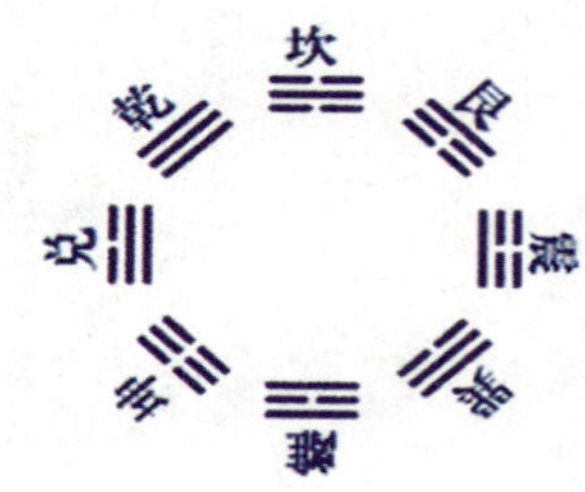

上圖是八卦的形式及名稱。八卦象徵八種基本物質：

乾	坤	震	巽	坎	離	艮	兌
天	地	雷	風	水	火	山	澤

古人認爲，世界上一切事物都是由這八種基本物質組成的。

後來又把八卦搭配組合，成爲六十四卦，用來象徵各種自然和人事現象。

古代思想家認爲一切事物均受陰陽規律影響，所以用陰陽符號來表示事物的規律，後來還用來預測變化。在開始時，陰陽是一個自然概念，本來的意思是指日光照到和照不到的地方，向日的爲陽，背日的爲陰。到周代時成爲對偶的概念，因此引申出其他一對對的含義：如用陰陽指天象，就是日和月，指氣候就是暑和寒，指方位就是上和下，指性質就是剛和柔。還有很多不同的引申概念，如：天地、晝夜、乾坤、明暗、火水、生死等。

五行相生相尅

至於五行，古人習慣把事物分爲五類，以五爲基數廣泛應用於不同的生活領域。五行就是指木、火、土、金、水，以五種日常生活中常見物質來説明事物的起源。到了戰國時又出現了「五行相生相勝」的學説。如「木生火，火生土，土生金，金生水、水生木」和「水勝火，火勝金，金勝木，木勝土，土勝水」的五行關係。「勝」就是「尅」後來古人又把五行的分類應用於不同領域，如：

五行	季節	方向	天干	數字	音階	味道	顏色	穀物	牲畜	臟腑
木	春	東	甲乙	八	角	酸	青	麥	羊	肝
火	夏	南	丙丁	七	徵	苦	赤	菽	雞	心
土	长夏	中	戊己	五	宮	甘	黃	稷	牛	脾
金	秋	西	庚辛	九	商	辛	白	麻	犬	肺
水	冬	北	壬癸	六	羽	鹹	黑	黍	彘	腎

「八字」五行有缺

民間習俗中，爲初生嬰兒命名，也常有用五行來取意的。例如魯迅小説《故鄉》中的主角「閏土」，就是因爲「閏月生的，五行缺土」，所以用「閏土」爲名。我們每人出生都有一個用天干地支來記下年、月、日、時的「八字」，而「八字」中的天干在五行中各有所屬（參考上表），所謂「五行缺土」就是説他的八字中沒有「戊己」，所以要用土字或土字旁的字取名，加以補救。

當然，這是古人認爲命運爲上天所決定，希望借助「改名」（起名）這種人爲的方法來改變。但今天我們知道，把命運寄託在「名字」上是不切實際的，應該努力充實自己，拓寬知識領域，不斷自我增值，這才是掌握自己命運的正確方法。

鞭打春牛迎春耕

1. 爲甚麼古人在立春這一天要「鞭打春牛」呢？
2. 你知道「春牛圖」的來歷嗎？

重農活動

「鞭打春牛」是和中國農耕生活有關的一個傳統習俗，據説已有三千年的歷史。春牛，也稱「土牛」，是用籐條、竹枝等紮成，外面抹上泥土的塑像。在立春這一天，鞭打春牛，象徵一年農耕的開始。農業是古代中國立國之本，所以上自帝王，下至平民，對這個儀式都非常重視。

相傳早在周朝，周天子就命地方官員在立春這一天舉行儀式，焚香拜祭，並讓侍從打扮成象徵豐收的芒神，用鞭抽打土牛，勸農人投入春耕，努力耕作。

歷代皇帝都很重視這農耕儀式。西漢文、景二帝更率領群臣舉行隆重的鞭打春牛儀式，並親自開耕，以表示對農業的重視。到明清時期，儀式更爲盛大。在立春前一天，大小官員都要身穿紅色官服，鑼鼓喧天，迎接芒神和土牛，然後在立春當天將其抬到皇宮，向皇帝祝賀新春，再進行鞭打春牛的儀式。

在民間，有些地方在鞭牛儀式後把土牛打碎，農民爭相搶奪牛泥，並撒入自家田地，認爲這樣可以喜獲豐收！

后稷塑像

農事信仰

中國以農立國，農事信仰很普遍。農民在風調雨順的日子裏，會感謝神靈的恩惠，並勤勞耕種；在遭遇旱災水災的日子裏，會祈求神靈保護，度過災劫。除了鞭打春牛的習俗外，還有祭拜后稷和土地的習俗。相傳后稷教導人民耕作，所以有些地區的農民會崇拜后稷。傳說山西省稷山縣是后稷傳授耕作技術的地方，所以每年春秋兩季，都有農民從四方八面來到這裏朝拜。老百姓也會拜土地，祈求五穀豐收。

習俗可尋

鞭打春牛的習俗，在現代社會已經漸漸消失了；但有關傳統習俗，仍可從「春牛圖」中感受到。我們現在的《通勝》內，每年也有一幅「春牛圖」，圖上畫著一頭牛及一個人，春牛就是土牛，而圖中的人就是芒神。

俗語說:「一年之計在於春。」農夫在春天來臨時，忙於準備耕作。在新的一年裏，你又有甚麼新的計劃呢？

春牛圖

臘月廿三祭竈神

1. 爲甚麽祭竈要預備麥芽糖?
2. 祭竈爲甚麽要選農曆十二月二十三日這一天?

竈神顯靈，財運亨通

竈神畫像

相傳漢代時，有個叫陰子方的人，既孝順，又忠厚。在一個臘月的早晨，他看見竈神顯靈，陰子方激動得連連叩頭。他把家裏僅有的一隻羊宰了，獻在竈神面前。從此他財運亨通，建屋置地，富甲一方。陰子方做夢也沒有料到自己會這樣富貴，所以告誡子孫世世代代祭祀竈神。大概人人都希望像陰子方那樣，得到竈神的保佑，所以祭竈就成爲老百姓代代相傳的習俗。

好事傳上天，壞事丢一邊

後來越傳越神話化，説竈神是玉皇大帝派到各家各户監督善惡之神，在百姓家中，朝夕相處，監視他們的一舉一動，每年臘月二十四日要上天庭，向玉帝彙報各家人的善惡。百姓在日常生活中，不免會有犯錯，人們擔心竈神打小報告，於是有近乎「媚竈」的習俗。大家都不敢得罪竈神，所以在上天庭的前一日，即臘月二十三日，對他祭祀一番。

老百姓一遍又一遍地清掃廚房，擦洗竈臺，製作了豆沙餡餅和麥芽糖。麥芽糖既甜又黏，既可黏牢竈神的嘴，又可甜了竈神的心，意思是「好事傳上天，壞事丟一邊」。人們又忙著製作「紙馬」、「竹轎」，把酒糟抹在竈門口上，又把竹篾和紙片做成的轎子和神馬燒成灰，送給竈神。「抹酒送轎馬」，意思是灌醉竈神，好讓竈神能醉醺醺地上天，糊糊塗塗交差了事。

竈神向玉帝報告人間善惡

與此同時，人們還會把舊竈神像撕了換上新的，並換上「上天言好事，下界降吉祥」之類的條幅。大家總是這樣寄託希望：這樣虔誠地祭祀竈神，家庭就會開始有福運了。

若要人不知，除非己莫為

祭竈是中國人很獨特的民間習俗。由竈神的信仰和祭祀方法來看，人們採取各種手法，投其所好，封住竈神的口，以爲這樣便可以使竈神報喜不報憂了。這固然反映了民間的信仰，但也反映出老百姓愚昧的一面。俗語說：「舉頭三尺有神明。」又說：「若要人不知，除非己莫爲。」其實，如果一個人真的相信有神明的話，最好的辦法就是：心存善念，多做善事；勿生邪念，勿做壞事。

裝飾文字兆吉祥

想一想

1.囍字是甚麼意思呢?
2.新年時,「福」字爲甚麼要倒著貼呢?

雙喜臨門

裝飾吉祥字——囍

相傳北宋文學家王安石年輕時上京赴考，途中見到一富有人家馬氏，在門樓上掛著彩燈，貼出對聯，説要用對聯選婿。上聯是這樣的：「走馬燈，燈馬走，燈息馬停步。」如果誰對出最好的下聯，那麼誰就能成爲馬家的乘龍快婿。王安石在應考時發現考官出的聯語是「飛虎旗，旗虎飛，旗卷虎藏身。」王安石就用馬家的上聯來對考官的下聯。結果王安石既考中了進士，又迎娶了馬家小姐。雙喜臨門之時，王安石喜不自禁，揮筆寫就兩個連在一起的「喜」字，還寫了一首詩：

巧對聯成變雙喜，馬燈飛虎結絲羅。
洞房花燭題金榜，小登科遇大登科。

由於這個「囍」字能夠形象地表達好事接踵而來的心願，所以很快就流傳開去，成爲普及全國青年男女成婚時所用的裝飾吉祥字。

福「倒」福「到」

我們現在過農曆新年時，常常會貼一個大大的「福」字在門口，卻是倒著貼的。這倒貼「福」字也是民間裝飾吉祥字的一種表現方式。

據説這種倒貼「福」字的做法，在明代已出現。相傳明太祖朱元璋在一個除夕晚上，微服出巡。他見京城裏家家户户貼紅掛綠，張燈結綵，歌舞昇平，覺得好不快活。可是他轉了幾條街，竟沒有看見一副對聯是歌頌當今皇上的，不禁勃然大怒。回到宮中，坐在龍椅上生氣，想叫家家户户都貼上對聯歌頌自己，但他識字不多，又怕文人用文字諷刺自己。這時有一個太監提議：讓天下百姓用一方紅紙，寫上個「福」字貼在大門上，紅色就是朱，貼「福」字便是祝願陛下鴻福齊天。朱元璋一聽，非常高興，立即下旨命令每家每户貼上「福」字。

倒貼「福」字

有一户人家貼上「福」字時，忙中有錯，把「福」字倒轉來貼。正想重貼之時，士兵來到，看到這家人倒貼了「福」字，不知怎樣處置。報告皇上後，朱元璋心想：分明是詛咒我得不到福。他正想發作，在旁的大臣劉伯溫卻大笑説：「貼得好！『倒』與『到』音近，『福倒』就是『福到』，這是百姓在祝福皇上啊！」朱元璋一聽，轉怒爲喜，下令獎賞那户主。

這故事傳開了，於是京城家家户户都倒貼「福」字，成爲一種民間習俗。

吉祥意願

以上兩個小故事未必真實，但民間常用裝飾吉祥字卻是事實。又如，我们還經常可以看到，把「招財進寶」四個字連在一起，作爲裝飾吉祥字。這些吉祥字可能是來源於道教的符，早期的符就是「興善除害」幾個吉祥含義的隸書字合體。唐代道教盛行，這類合體字的符越來越多，所以也在民間生活中流行起來。

由這些文字可知中國人是很喜歡吉祥兆頭的，這是一種祝願，是對生活的盼望，而不是迷信。當我們在生活上遇到挫折時，如能保持這種美好的寄望，就會覺得「明天會更好」，這些吉祥字對我們的生活便能多少產生正面的意義了。不論是「喜上加喜」，還是「福有攸歸」，總之，追求吉祥和幸福，是人們對生活的祝願和期盼。

姓名字號連成串

想一想

1.爲甚麼遠古時代中國人會没有姓呢?
2.字和號有甚麼不同?

姓和氏

現代人一出生就有一個「姓」。其實「姓」本來只是「生」的意思，加「女」偏旁成爲形聲字，表示人都由女性所生，這女性當然就是母親。爲甚麼只是母親，没有父親呢？人類學家研究認爲，遠古的人類最初並不知道誰才是真正的父親，但母親喂奶和撫育成長卻是知道的，所以稱爲「母系社會」。這就是爲甚麼中國最早的姓都是從「女」字旁的，如「姬、姚、姜、姒」等。

隨着社會發展，人口增長，氏族分出不同的支族。社會也由母系社會演變爲父系社會。這時「姓」是氏族成員共有的，「氏」是用來分別不同的支族。但到秦漢以後，很多氏已稱爲姓，姓氏也很難分辨了。

名和字

孔子名丘，字仲尼。孔是姓，丘是名，仲尼是字。子，則是古代對有學問的男子的尊稱，類似現在的「先生」。夏商兩代的人都只有姓名，不另取字，但到周代，男子到了二十歲，行成人的冠禮，父親便給他取字。君主、父祖輩、老師可以稱呼他的名，較疏的長輩、平輩、朋輩則稱他的字，不呼名，以示尊重。

古人命名取字，很多時都講究名、字相關，意義相應。例如，三國時，曹操字孟德，「操」與「德」同義，「孟」表示排行居長；古人以「孟(伯)、仲、叔、季」作爲兄弟長幼的次序。又如，諸葛亮字孔明，「亮」與「明」同義，「孔」是修飾詞。

《水滸傳》的李逵外號黑旋風

別號

名和字都不是自己決定的，號和別號則可由自己決定，也有別人贈送的。號也叫「別字」或「別號」、「綽號」，多用兩個字，但三、四、五個字的也有。別號在唐代時已很多，宋代以後更成一時風尚。例如：杜甫，字子美，自號少陵野老、杜陵布衣；歐陽修，字永叔，自號醉翁、六一居士等。姓、名、字、號加在一起，有如珍珠一串。綽號在下層社會也頗流行，如《水滸傳》中的英雄好漢：及時雨宋江、豹子頭林沖、花和尚魯智深、行者武松、黑旋風李逵等等。總之，綽號或別號五花八門，甚爲自由，而往往與其人的特徵或經歷有關。

變化中的名號

現代人一般只用姓名，甚少用字和號了。但我們卻有很多其他名字，如小時候父母叫的小名，求學時同學起的綽號(「花名」)，工作時在辦公室最常用的英文名，投稿時用的筆名等，名目之多並不亞於古人。《水滸傳》中英雄好漢的綽號，能表達出他們的才能、個性或特長。如果你喜歡爲同學或朋友起綽號，是不是也能表達他們的長處，而不是嘲笑別人的短處呢？

君父名字要避諱

想一想

1. 爲甚麽王昭君會改稱「王明君」，陶淵明會改稱「陶泉明」？
2. 爲甚麽有人認爲唐代詩人李賀不應考進士？

皇帝名字要避諱

宋朝理學家周敦頤，原來名叫惇頤；死後百多年，因爲要避開南宋皇帝光宗趙惇的名字「惇」，宋朝的人只好將他改名爲周敦頤。由於宋真宗認爲道教傳説人物趙玄朗是他的祖宗，所以名將楊延朗只能改名爲楊延昭。這兩則事例説的就是避諱了。

古代臣民不可直呼皇帝姓名

對於君主而言，避諱就是避免直接説出或寫出他的名字。早在周代已有避諱的情況。例如：周文王名「昌」，周武王名「發」，説話和寫文章就不能直接説「文王昌」或「武王發」；不過「昌」和「發」兩字作爲一般文字用在別的地方並不算犯諱，可見當時避諱没有後代嚴格。

到秦始皇時，爲了加强皇帝威嚴，擴大了避諱範圍，皇帝的名字在其他地方也不准用。不單如此，秦始皇名「政」，除「政」字不准用外，連「正」字也不准用，「正月」要改爲

「端月」，或讀作「徵月」。及至漢初，漢高祖名「邦」，凡要用「邦」字的地方，都要改爲用「國」字。

唐太宗李世民下詔説，不必避「世民」兩字，但大臣仍自動避諱，李世勣主動改名爲李勣。唐太宗死後，高宗李治要求避「民」字諱，改官職「民部尚書」爲「户部尚書」。

尊長名字也避諱

除了皇帝名字要避諱，有時候其他人的名字也要避諱，如孔子，要避「丘」字。有時祖宗三代(曾祖、祖、父)的名字也要避諱，如司馬遷的父親名「談」，所以司馬遷寫《史記》把「趙談」改爲「趙同」。

唐代詩人李賀，父親名「晉」，古時「晉」與「進」字相通，所以當時有人認爲李賀要避諱，不應考進士。文學家韓愈於是爲李賀寫了一篇文章《諱辯》，反駁説：如果父親名「晉」而不能考進士，那麽父親名「仁」的，「仁」和「人」同音，要避諱便不可做人了。

避諱方法知多少

古人避諱方法很多，常見的有以下三種：

名稱	做法
换字法	用字形或字義接近的字來代替，如：晉代要避司馬昭諱，把漢代美人王昭君改爲「王明君」或「漢明妃」。唐代要避李淵諱，把晉代詩人陶淵明改爲「陶泉明」。
更改寫法	把字形改寫，如：「丘」改爲「邱」。
用方格代替	完全不寫那字，用一正方格代替要避諱的字。

避諱是中國古代特有的現象，爲了顯示尊卑而限制了用字的自由，現代社會已没有這種習俗了。

單元四

傳統節日

一、萬象更新迎春節
二、元宵佳節慶團圓
三、清明時節憶先人
四、龍舟競渡慶端午
五、牛郎織女會七夕
六、月到中秋分外圓
七、每逢重陽倍思親
八、冬至意義大如年

萬象更新迎春節

想一想

1. 春節的時候，爲甚麼要燃放爆竹和貼春聯呢？
2. 你最喜歡春節的哪一種節慶活動呢？

歡樂年年

農曆正月初一，俗稱「春節」、「新年」和「新春」等，是中國最隆重的節日，到處歡歌笑语，喜氣洋洋。宋代文學家王安石《元日》寫道：

爆竹聲中一歲除，春風送暖入屠蘇。
千門萬户曈曈日，總把新桃換舊符。

意思是説：春節的時候，大街小巷都傳來爆竹聲，家家户户都貼春聯，喝屠蘇酒，互頌吉祥，迎接新歲來臨。今天，中國不少地區仍保留著這些習俗，歷久不衰。相傳這些習俗都與「年」獸有關。據説古時候，山上住了一頭兇猛的怪獸，名字就叫「年」。每個大年除夕晚上，飢餓的「年」便會闖入村莊，到處捕殺家畜，傷害村民。爲了保護家園，村民嘗試不同的方法對抗「年」。漸漸，人們發現「年」很害怕紅色和喧鬧的聲音。於是，除夕之夜，人們便在門前貼上紅紙，燃燒爆竹。「年」聽見響亮的爆竹聲，看見耀眼的紅紙，果然嚇得全身發抖，倉皇逃回山中。到了第二天，村民十分高興，互相道賀，希望來年人人平安，事事順利。從此以後，每年村民都會沿襲這種習俗，代代相傳。

貼春聯是春節的傳統習俗之一

豐收時節

其實，「年」的真正意思是指穀物成熟。甲骨文的「年」字，是由「禾」和「千」两个字组合而成的，有穀物纍纍和果實豐收之意。中華民族以農立國，農業對平民百姓與國家財政來説，都是十分重要的。《詩經》就有反映人們在豐收之後的頌歌：

> 豐年多黍多稌，亦有高廩，萬億及秭。
> 爲酒爲醴，烝畀祖妣，以洽百禮，降福孔皆。

這首頌詩是説：人民在豐收之年，收成的稻穀，高高地堆滿了倉房。大伙兒將釀製的美酒祭祀祖先，答謝祖先的庇佑，也祈求來年再獲豐收。

農民經過春耕、夏耘、秋收、冬藏的辛勞後，便會釀製美酒和準備佳餚，與家人共聚一堂，慶祝一年的收穫和新的一年到來。漸漸，這一天成爲全年最重要和最歡樂的日子。後來，經過不斷的演變，成爲今天既熱鬧又隆重的節日。

新年新開始

俗語説：「百里不同風。」中國幅員遼闊，各地的春節習俗和活動花樣繁多，各具特色。可是，中華民族的炎黃子孫都有著同一願望，就是「送舊迎新」。春節前夕，各家各户都會忙於添置年貨，清潔住所，佈置家居，以嶄新的姿態迎接新的一年；到了大年初一這一天，人們更會穿上新衣，向親朋好友祝賀春禧，送上祝福。

在香港，除夕之夜，不少人會到赤松黃仙祠等寺觀去等候新年的來臨，爭取上「頭炷香」，期盼得到神明的保佑，事事如意。此外，人們也會走上街頭，參與各式各樣的迎春活動，如花車巡遊和舞獅、舞龍表演等。年初二的新春煙花匯演，更是萬人空巷，爭相觀賞。那色彩繽紛、千姿百態的煙花在夜空綻放，歡呼聲此起彼落，響徹維港兩岸，將佳節的氣氛推至最高峰。

一元復始，萬象更新。只要有華人的地區，春節都是最受重視的節日，人們都祈求在新的一年裏，有美好的新氣象。

元宵佳節慶團圓

想一想

1. 爲甚麼元宵節又稱爲「燈節」？
2. 你知道元宵節爲甚麼要吃湯圓嗎？

東方朔，幫元宵

農曆正月十五日，是元宵燈節。元宵風俗，相傳是從漢代開始的。

傳説漢武帝的時候，有個宮女，名字叫元宵。因爲她長年生活在宮禁之中，不堪思親之苦，想要投井自盡。這事被當時一個名叫東方朔的人知道了，他心中產生了憐憫之意，便想辦法幫助元宵。

東方朔爲人滑稽多智，幾天後，他打扮成算命先生，百姓見他道貌仙風，言談玄妙，都爭先恐後地求他指點迷津。結果，每個人求得的籤文都是：「正月十五火焚身。」這句可怕的讖語，令長安城陷入一片恐慌之中。

漢武帝得知後，連忙請來了足智多謀的東方朔，向他討教平息之方。東方朔説：「聽説火神君最愛吃湯圓，十五晚上可命宮女元宵做湯圓焚香上供。再傳諭臣民一起外出避禍，滿城街巷、庭院屋門都掛上紅燈，好像滿城大火，就可騙過在天上觀望的火神君了。」武帝聽後，覺得有理，就通令京城照辦。

到了正月十五日，長安城裏家家户户張燈結綵，遊人熙來攘往，熱鬧非常，元宵也終於與家人團聚了。鬧了一天，長安城果然平安無事。漢武帝大喜，便下令以後每到正月十五，照樣全城掛燈吃湯圓。日子久了，年年如是，這便成爲了正月十五日元宵燈節的習俗。

元宵節的熱鬧景象

鬧花燈，慶「添丁」

舊式元宵燈

漢代的掛燈習俗，以後歷代相傳，掛燈和觀燈成爲元宵節最主要的活動，「燈節」也成爲元宵節的俗稱了。南宋詞人辛棄疾在《青玉案·元夕》一詞的上片，精彩地描寫了元宵節的熱鬧景象：

> 東風夜放花千樹。更吹落，星如雨。寶馬雕車香滿路。鳳簫聲動，玉壺光轉，一夜魚龍舞。

在這裏，詞人以生花的妙筆，展現元宵節之夜絢麗多彩的燈火及遊人的歡樂情態。隨著社會不斷發展，元宵節的活動也越來越豐富，不但可以欣賞到美麗的花燈，還有燈謎競猜、唱歌跳舞、魔術表演、街頭雜耍、掌相算卦等等。

在新界，圍村人還有「點燈」的習俗。「燈」與「丁」音近，「點燈」便有「添丁」之意。每年農曆新年到元宵期間，凡於過去一年曾經添加男丁的家庭，都會燃點花燈，將花燈送到宗祠內，象徵族人將添丁的喜訊告知祖先，祈求得到祝福。

吃湯圓，「小過年」

除了猜燈謎、賞花燈之外, 湯圓更是元宵應節食品的主角。每逢元宵佳節, 各家各户都會一起吃湯圓, 象徵家人團圓歡樂。

中國人相信滿月象徵團圓美好, 而正月十五是一年中第一個月圆之夜, 自然被視爲吉日。湯圓的外形是圓的, 就如正月十五日天上的月亮一樣, 又大又圓。因此, 湯圓成了元宵節的應節食物, 就如台灣民歌《賣湯圓》裏所説的:「一碗湯圓滿又滿，吃了湯圓好團圓。」

在中國的傳統習俗裏，春節要過了正月十五元宵夜才算完結的，所以元宵節又稱爲「小過年」。

近年來，在西方文化的影響下, 又賦予元宵節另一層意義，當作「中國情人節」, 爲這個傳統的節日, 平添了幾許浪漫的色彩。

清明時節憶先人

1. 你知道「清明」二字的意思嗎?
2. 你曾參加過祭祖掃墓的活動嗎? 你對此有甚麽感想?

清明與農耕

歷代不少文人都以「清明節」爲題材，寫下了大量名篇佳作。最膾炙人口的要算是唐代杜牧的《清明》詩：

清明時節雨紛紛，路上行人欲斷魂。
借問酒家何處有，牧童遥指杏花村。

詩人筆下的清明時節，細雨綿綿，家家上墳祭祖，瀰漫著傷感的氣氛。

其實，遠古時候，「清明」與掃墓是没有甚麽關係的，它只是代表農耕的節令。農曆二三月間，春風送暖，雨露滋潤，萬物生長，到處生機勃勃、景象清淨明麗；依節令推算，其中有一天(陽曆4月5日)，古人稱之爲「清明」。對於農夫來説，清明是非常關鍵的時刻。諺語説：「清明前後，種瓜點豆。」又説：「植樹造林，莫過清明。」每年清明時節，農夫便開始春耕的工作，忙於播種耕地，祈盼得到豐足的收成。

農夫春耕

清明與寒食

爲甚麽清明成爲祭祖掃墓的節日呢？原來，古時候，掃墓是寒食節的風俗。而寒食節的起源，據説與介之推的故事有關。

相傳春秋時期，介之推跟隨晉國公子重耳流亡在外。有一次，他們迷路困在山中，糧絕無援，重耳餓得頭昏眼花。於是，介之推竟割下自己大腿上的一塊肉煮給重耳充飢。公子重耳流亡凡十九年，後來回國即位爲晉文公；爲了報答介之推的恩德，有意犒賞他。可是，介之推卻不願接受任何封賞，回家侍奉年老的母親，與母親隱居林野之中。晉文公堅持請介之推出來做官，爲國效勞；介之推爲了避開朝廷的使者，揹著老母親躲藏於深山老林中。晉文公爲了迫他現身，下令放火燒山。結果，介之推抱樹而亡。晉文公悔不當初，遂下令在介之推去世的那天禁止生火，以作紀念。

寒食節就在清明的前一天或前二天。由於兩個節日相距很近，後來許多地方都把清明、寒食合爲一個節日。今天，寒食節的氣氛已經完全淡化了，反而清明節保留了掃墓祭祖的習俗。

慎終追遠

「三月清明雨紛紛，家家户户上祖墳。」每年清明節的時候，很多身處異鄉的華人，都會千里迢迢趕回老家，帶著鮮花、水果、香燭、紙錢、酒等祭品，上墳拜祭，追念先人。

掃墓可分爲「掛紙」和「培墓」兩種儀式。「掛紙」就是用小石頭或磚塊，把綵紙壓放在墳上，表示這個墳墓已經由子孫拜祭過了。而所謂「培墓」，就是修墓與祭拜。清明時節，萬物甦醒，草木萌發，墓地可能因爲蛇鼠破壞或雨水侵蝕而倒塌。因此，孝子賢孫會清除墓地的雜草，添土補墳，整修一番，然後才獻上供品，誠心拜祭。

孝子賢孫掃墓

重視「孝道」，是中國傳統的倫理道德。不論是對在世的長輩或已去世的先人，都表現出孝順之意。古代的時候，父母去世，子女更要守孝三年。隨著社會的發展，這種禮俗已淡化了。可是，「慎終追遠」的情懷仍然存在，每年的清明節，孝子賢孫都上山掃墓，祭祀祖先，寄托對先人的懷念。

龍舟競渡慶端午

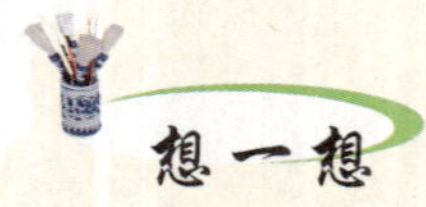

想一想

1. 你知道端午節與屈原有甚麽關係嗎？
2. 在划龍舟的比賽中，最重要的勝利因素是甚麽呢？

屈原與端午節

在我國的民間，有這樣一首歌謠：

五月五，是端陽。門插艾，香滿堂。
吃糉子，灑白糖，龍船下水喜洋洋。

這首民謠描寫了端午節的時候，家家户户插艾掛蒲、吃糉子和划龍舟的熱鬧景象。端午節習俗到底源於何時呢？長期以來，眾説紛紜，至今尚無定論。各種説法中，民間流傳最廣的是紀念爱國詩人屈原之説。

屈原是戰國時代楚國一個忠心正直的臣子。他曾經多次向楚王進言，希望楚國能變法圖強，防止野心勃勃的秦國入侵。可是，楚王誤信奸臣的話，不但疏離屈原，更將他放逐。不久，秦兵攻破楚國的京城，屈原預感國家即將滅亡，理想難以實現，決心以死殉志。

屈原以死殉志，自投汨羅江

楚國百姓聞訊後，紛紛趕到汨羅江邊，哭叫之聲響徹雲霄。老百姓爲了保護屈原，於是在江上划龍舟、敲鑼打鼓，希望嚇走水中魚蝦；他們還把食物投到江中，不讓魚蝦吃掉屈原的身體。這便是後來端午節划龍舟和吃糉子的來源了。

吃糭子

每年端午節的時候，在大大小小的店舖裏都可以找到糭子的蹤影；近年來，不論是糭子的外形或餡類，都巧變百出。擁有「美食天堂」之稱的香港，就匯聚了各式各樣的糭子，讓人食指大動！在餡類方面，主要可分爲甜、鹹兩種，甜的有蓮蓉、豆沙、栗蓉、棗泥等；鹹的有鹹肉、燒雞、蛋黃、冬菇、綠豆、火腿等。此外，還有純用糯米製成的鹼水糭，沾上白糖來吃，別具風味。

古時候，吃糭子還可以同時玩遊戲，看誰解下的糭葉最長，又解得最快，誰就是優勝者。因此，端午節又俗稱爲「解糭節」。唐代的時候，朝廷更舉行射糭比賽，將糭子放在桌上，看看誰可以射中最多糭子。原來，糭子不僅美味可口，也可以成爲玩意兒，增添節日的氣氛。

團結就是力量

划龍舟是富有中國色彩的節日習俗。如今，每逢端午節，香港也會舉辦國際龍舟邀請賽，邀請世界各地的健兒參與，陣容盛大。當天，河道兩岸掛滿繽紛的錦旗，河上雲集琳瑯滿目的龍舟，響亮的鼓聲、健兒的喝彩聲，加上觀賞者的歡呼，喧鬧震天，熱鬧極了。

划龍舟不但可以鍛鍊身體，更可以訓練團隊精神。這是一項團體運動，每一參賽隊伍人數約二十人。競賽時，健兒們要隨著鼓聲的節奏，齊心合力地朝著終點划行，角逐錦標。

划龍舟比賽體現了「團結就是力量」的精神。其實，在日常生活中，我們總會面對不同的困難和挑戰，有時單憑個人的力量是無從應付的，如能集思廣益，親人和朋友群策群力，發揮團結互助的精神，問題往往就能迎刃而解了。

划龍舟

牛郎織女會七夕

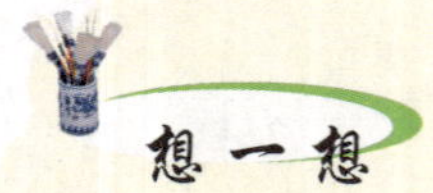

想一想

1．爲甚麼牛郎織女每年只可以在七夕相會一次呢？
2．爲甚麼婦女要拜祭七姐呢？

鵲橋相會

在神話傳説中，王母娘娘有個外孫女，名叫七姐。七姐自幼聰明靈敏，擅紡織，所以又稱爲「織女」。有一天，織女到凡間遊玩，偶遇牛郎，二人一見鍾情，結爲夫婦。從此，男耕女織，生兒育女，過著幸福快樂的日子。然而，玉皇大帝知道此事後，勃然大怒。七月七日，下令天兵天將把織女捉回天宮。牛郎挑著一對兒女上天界追尋織女，眼看就快追上，王母娘娘卻用金簪劃出一條巨浪洶湧的天河，分隔二人，讓他們只可以隔河相望。天長日久，王母娘娘漸漸被他們堅貞的愛情所感動，允許二人每年於七月初七相會一次。每當七月初七的晚上，所有的喜鵲都群集天河上，搭成鵲橋，讓牛郎織女在橋上相會。

平民百姓也被牛郎織女的故事深深感動了。於是，每年七月初七的時候，人們都會拜祭七姐，這就是「七夕節」的來源了。

鵲橋相會

乞巧風俗

民間每年農曆七月初七夜，婦女們都會向天上的七姐乞求心願。在山東地區，婦女拜祭七姐時，更會口中唱道：

天皇皇，地皇皇，俺請七姐姐下天堂；
不圖你針，不圖你線，光學你七十二樣好手段。

相傳七姐心靈手巧，編織技術出神入化，能夠繡出美麗奪目的雲錦，人們都希望能得到她的衣缽真傳。

據説古代的時候，婦女會比賽誰人能夠最快把針線穿過針孔，唐代詩人林傑在《乞巧》一詩中曾經這樣寫道：

七夕今宵看碧霄，牛郎織女渡河橋。
家家乞巧望秋月，穿盡紅絲幾萬條。

詩中描寫七夕節的時候，平民百姓爭相穿針乞巧的熱鬧場面。乞巧用的針可以分雙孔、五孔、七孔、九孔之多。七夕晚上，婦女都會手拿絲線，對著月光穿針，穿得快表示乞得巧，可以學到七姐智慧和靈巧的真傳。

愛情真諦

牛郎織女勇於追求幸福和對愛情的堅貞，廣爲後人傳誦。每逢七夕，女子除了會乞求智巧外，也會祈求嫁個如意郎君，婚姻美滿。

此外，牛郎織女的愛情故事，也觸動了文人的心靈，留下不少詠歎之作。宋代詞人秦觀曾經寫下《鵲橋仙》這一膾炙人口的名篇：

纖雲弄巧，飛星傳恨，銀漢迢迢暗渡。金風玉露一相逢，
便勝卻人間無數。　柔情似水，佳期如夢，忍顧鵲橋歸路。
兩情若是久長時，又豈在朝朝暮暮。

《鵲橋仙》一詞，訴説牛郎織女分隔兩地，聚少離多的悲痛。最後，作者筆鋒一轉，卻道：「兩情若是久長時，又豈在朝朝暮暮」，指出真正的愛情是不受時空限制的。

鵲橋相會的愛情故事，充滿浪漫的色彩，但浪漫的背後更反映出古代青年男女在禮教束縛下追求婚姻自由的無奈。

月到中秋分外圓

1. 你知道中秋節與嫦娥奔月的傳説有甚麼關係嗎？
2. 爲甚麼中秋節我們有吃月餅的習俗呢？

嫦娥奔月

雲母屏風燭影深，長河漸落曉星沉。
嫦娥應悔偷靈藥，碧海青天夜夜心。

——李商隱《嫦娥》

相傳后羿向西王母娘娘求得一種長生不老的靈藥。有一次后羿外出，妻子嫦娥趁機把全部靈丹偷吃了。剎那間，嫦娥身輕如燕，飄呀飄的，就這樣飄到月宮去了。嫦娥因偷吃靈丹而長年與寂寞爲伴，李商隱詩中所描寫的便是這冷清的情境：後來，每逢中秋，人們便焚香拜月，希望一睹嫦娥芳容，並爲她解除苦悶。據説這就是中秋節的起源。

嫦娥奔月

拜月慶豐收

其實，中秋節的真正起源，要追溯到遠古「秋祀」的拜月習俗。古代的人民，以務農爲主，農事和季節變化關係密切，而一年中的秋季，是豐收的黃金季節。「秋」字原有「禾穀熟」的意思。人民辛辛苦苦，終於等到收成，家家户户設酒備菜，祈求農耕順利，於是出現了一系列圍繞「秋收」的慶祝活動。

「中秋」是由於八月十五處於秋季的正中而得名。古人已察覺到「月到中秋分外圓」的自然變化，所以很早在中秋前後已有「祭月」和「拜月」的活動。後來，漸漸演化成「賞月」的風俗。

中秋賞月

千里共嬋娟

除了賞月，現代都市人還會約同三五知己，參加中秋賞燈的大會，猜燈謎，看燈飾，尋找節日樂趣。

說到中秋的應節食品，在香港，柚子、湯圓、桂花羹是少不了的，但說到主角，就得數月餅了。「月餅」一詞，早期見於北宋文獻。相傳元朝時有一位叫劉伯溫的人，想聯合有志之士，共同起義。他想出一條妙計，先廣泛散佈消息，說將有瘟疫發生，必須買燒餅吃，才能避免病禍。人們於是爭先恐後購買燒餅，切開一看，卻發現餅裏藏著「八月十五夜起義」的紙條，於是一呼百應，推翻了元朝的統治。後來，中秋節吃月餅漸漸成爲社會習俗。到了今天，月餅從包裝、製作到起名都很講究，五仁火腿月、雙黃白蓮蓉月、七星伴月、冰皮月餅、雪糕月餅等等，可謂應有盡有，成爲中秋節饋贈親友不可少的禮品。

「月圓人亦圓」，中國人最重視倫理親情，在人們的意念裏，月圓是闔家團圓的象徵。明代人又把中秋節稱爲「團圓節」，那是因爲月餅多爲圓形，而且闔家團圓，是人所共望。

中秋節，可以說是一個溫馨的節日，趁著月圓之夜，一家人邊賞月，邊吃月餅、柚子，共享天倫之樂，難怪人們都格外重視這個特別的日子。古代詩人筆下有這樣的名句:「海上生明月，天涯共此時。」每逢中秋佳節，人們總會不約而同地舉頭凝望天邊皎潔的明月，心中產生想念親人的濃濃情思。無論你身在何方，「但願人長久，千里共嬋娟」，是我們每個中國人心中的共同願望。

每逢重陽倍思親

1. 你知道重陽節的起源嗎？
2. 爲甚麽重陽節又稱爲「菊花節」，而菊花酒又稱「延壽客」呢？

飲酒賞菊

菊花

農曆九月初九是重陽節，而重陽節又稱「菊花節」。你知道這是爲甚麽嗎？

原來，九月是菊花盛開的季節，賞菊自然成爲重陽節的主要習俗之一，古代文人都會趁著這天邀請好友一起賞菊、作詩。陶淵明以愛菊著稱，寫下了不少詠菊的名篇。「採菊東籬下，悠然見南山。」（《飲酒二十首》其五）便是膾炙人口的佳句。時至今天，每當重陽節，香港都會舉辦菊展，吸引市民觀賞。

菊花盛開於秋季，經霜耐寒，古人把它看作是長壽吉祥之物。重陽節的時候，人們也喜歡以菊花釀酒，希望飲下菊花酒，可以延年益壽，春秋常健。因此，菊花酒又被稱爲「延壽客」。

登高習俗

登高望遠，也是重陽節的習俗之一。

關於這個習俗的由來，民間有一個傳說：東漢時，有一個仙人擁有未卜先知的能力，名字叫費長房。有一天，他對徒弟桓景說：「九月九日，你的家鄉會發生大災難。那一天，你要率領家人及鄉親登上高山，每人用紅袋子裝些茱萸，綁在手臂上，再喝點菊花酒，就可以消災避難了。」桓景回到家鄉，按照師傅的吩咐，九月九日率領

登高望遠

一家及鄉中老幼去登高。到傍晚回家一看，發現所飼養的雞、狗、羊、鴨等，都已死去。

九月九日登高避禍的说法，一直流傳下來。時至今日，登高依然是重陽節的風俗，然而，避禍的原意已無人理會了。

望鄉思親

九月九日正值天朗氣清、金風送爽的季節，登高遊覽，把酒對酌，亦是賞心樂事。唐代詩人王維的《九月九日憶山東兄弟》說道：

> 獨在異鄉爲異客，每逢佳節倍思親。
> 遙知兄弟登高處，遍插茱萸少一人。

原來，古人也喜歡珮帶茱萸，這種植物氣味甚濃，具醫療效用，更可驅逐蚊蟲，被稱爲「辟邪翁」。詩人身在異鄉，適逢重陽佳節，憶起與家人佩戴茱萸登高的往事，倍增思親之情。他運用淺白易懂的文字，把懷念家鄉、思念親人的情感抒發出來，成爲歌詠重陽佳節的名篇。

在香港，農曆九月初九是公眾假期，不少人會在這天選擇登高、遠足或野餐。此外，人們又將重陽節作爲第二個紀念先人的日子，帶著鮮花酒食，祭祖掃墓，寄託對先人的懷念之情。因此，說重陽節在香港已經成爲「第二個清明節」，絕不誇張。

冬至意義大如年

想一想

1. 爲甚麼有「冬至大如年」的說法呢?
2. 每逢冬至，你們一家會有甚麼特別的慶祝活動呢?

冬至大如年

冬至，在中國的傳統節日中別具意義。俗語說:「清明掃墓，冬至祭祖。」古時候，皇帝都會在冬至日舉行大型的祭祖和祭天儀式。在民間流傳著各種各樣的冬至風俗，蘇州有一首《竹枝詞》這樣寫道:

相傳冬至大如年，賀節紛紛衣帽鮮。
畢竟句吴風俗美，家家幼小拜尊前。

意思是說：冬至日，人們會換上新衣裳向親朋好友祝賀，也會到廟宇拜神進香，就如今天我們過春節一樣，氣氛很熱鬧。所以又有「冬至大如年」的說法。

爲甚麼冬至會如此受重視呢？原來，冬至是一年中白晝最短、夜晚最長的一天。而冬至過後，白天會愈來愈長，夜晚則會愈來愈短。古人認爲這樣是代表陽氣回昇，是個吉祥的日子。

九九消寒

冬至到來，意味著天氣漸次寒冷。所謂「三九嚴寒」，就是說，從冬至算起的第三個九天，天氣最爲寒冷。而從節令來看，「春打六九頭」，即冬至後的第五個九天「立春」，天氣便開始回暖了。而俗語說:「九九八十一而寒盡」、「九盡而桃花開」，冬至後第八十一天，天氣就相當暖和了。

民間流傳了不同的「九九歌」，其中北方一首是這樣的:

一九二九，伸不出手；
三九四九，凍死貓狗；
五九六九，隔河看柳；
七九河開，八九雁來；
九九寒盡，春暖花開。

這首歌謠記錄了天氣由冷轉暖的變化和風俗民情。歌詞簡單易記，琅琅上口，也是農夫適時耕作的參考。

古人還有繪「九九消寒圖」的習俗，以消遣解悶。人們會在白紙上畫一枝梅花，共有81朵花瓣。冬至後，每天用顏色筆塗抹一朵，等到81朵花瓣塗滿後，已是仲春時節。因此古語有云：「試看圖中梅黑黑，自是門外草青青。」

冬至話「圓」

除了「數九」的習俗外，冬至還有不少的應節食物。在中國北方，有一句諺語說：「吃了冬至的餃子，不凍耳朵。」每逢冬至時，北方人會吃餃子，慶祝一番。而南方人多吃湯圓，取其一家大小團圓過冬的意思，故有「家家搗米作團圓，知是明朝冬至天」的詩句。杭州人還習慣把冬至吃剩的魚頭和魚尾，放在米缸裡，隔天再取出來吃，寓意「吃剩有餘」。在常州，就流行吃一種隔夜的熱豆腐，說：「若要富，冬至隔夜吃塊熱豆腐。」各地過節的有趣習俗，表現了人們不同的節日心願。

在香港，很多商店和公司都會在這天讓僱員提早下班，讓他們可以早點回家和家人一起「過冬」，慶祝冬至。

全家一起搓湯圓的情景

單元五

5

河山風貌

黄河之水天上來

想一想

1.你知道「黄河」之名的由來嗎?
2.爲甚麽説黄河是中華民族的摇籃?

爍古耀今的詩句

古往今來，黄河作爲中華民族的發源地，很多文人墨客都曾以詩歌描繪黄河，散發出萬丈光芒。有的描寫了黄河萬馬奔騰的氣勢，有的透露出一片蕭瑟荒涼的景象。唐代大詩人李白寫道:

君不見黄河之水天上來，奔流到海不復回。

以黄河水奔流入海、一去不返之勢，表現詩人本身一種開闊的思想與曠達的胸襟:人生在世，功名利祿只是過眼雲煙，不用太過執著。另一位唐代詩人王之渙寫道:

黄河遠上白雲間，一片孤城萬仞山。

這詩句描寫了黄河遼闊而荒涼的景象，意境蒼茫。

中華民族的摇籃

在古代，黄河稱爲「河」，或「河水」、「大河」。由於她流經土質疏鬆的黄土高原，泥沙俱下，河水呈黄色。到了唐代，這條大河才被命名爲「黄河」。

甘肅省蘭州市黄河岸邊的黄河母親塑像

黄河全長5494公里，流域覆蓋甚廣，面積達到75萬平方公里。在這條長河流經的區域，有高原，有盆地，有平原。考古發現，遠古時期黃河流域就有藍田猿人（舊石器時代）的活動蹤跡，幾十萬年來，沿河流域孕育出燦爛的中華文明。因此，人們把黃河形象地比喻爲中華民族的搖籃。她自源頭青海，流經四川、甘肅、寧夏、內蒙古、陝西、山西、河南和山東共九省區，最後注入渤海。

人文景觀

漫長的黃河沿岸，有豐富的人文景觀。從出土的裴里崗文化、仰韶文化（又稱彩陶文化）和龍山文化（又稱黑陶文化）等考古發現，證實黃河流域在公元前六千年，已進入了新石器時代。數千年間，黃河流域主要有漁獵、農業、畜牧業。

當進入了史前文化的「三皇五帝」時期，黃河流域有著一些引人入勝的傳説。例如有發明了農業生產和醫藥的神農氏，稱作炎帝；亦有發明了指南車、文字和算術的軒轅黃帝。傳説中華文明起源於炎帝與黃帝時期，因此，我們以「炎黃」二帝作爲中華民族的祖先，而自稱炎黃子孫。

中華民族的搖籃——黃河，千百年來哺育了豐富多彩的中華文明，身爲炎黃子孫，我們無不爲此感到自豪。

中華民族的搖籃——黃河

大江東去浪滔滔

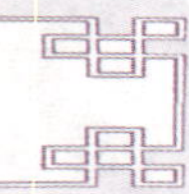

想一想

1. 你知道長江有哪些別稱嗎?
2. 三峽工程的興建和哪一條河流有關呢?

南方的「母親河」

你有沒有留心看一看中國的地圖?在中華民族的廣袤土地上,偏北的方位有一條九曲迴旋,繞個「几」字大彎的大河——黄河,偏南的方位則有一條穿過高山急峽、奔騰東去的大江——長江。

長江,千百年來滋潤了南方廣闊的土地,使這裏誕生了與黄河流域同樣古老的新石器時代文明。巴蜀、荊楚和吳越文明,都和她息息相關。

長江發源於青藏高原,源頭是沱沱河,它是由雪峰積存的大量冰雪融化後形成的。她從這裏爲起點,流經青海、西藏、雲南、四川、重庆、湖北、湖南、江西、安徽和江蘇,最後注入太平洋水系的東海。長達6300公里,流域面積達180萬平方公里,是中國第一大河,世界第三大河。

長江

長江不同地段有不同的稱呼，流經青海高原的一段叫做通天河，再往下叫做金沙江，在四川盆地叫做川江，進入長江三峽叫做峽江，到了漢江平原上又稱爲荊江，再往下就叫揚子江了。其中流經鄱陽湖口的一段則有另一個叫法：潯陽江。外國人通常把長江叫做「揚子江」。

風光如畫

萬里長江，有自然景觀，也有歷史文化遺跡。最爲壯觀的一段便是「三峽」：瞿塘峽、巫峽和西陵峽。「三峽」從西邊重慶市的白帝城爲起點，至東邊湖北宜昌縣的南津關爲終點，全長193公里。在「峽江」的流程中，遊人可以目睹瞿塘峽的雄偉險峻，見識巫峽的幽深秀麗，觀賞西陵峽的水勢洶湧。除了三峽以外，還有很多著名的自然景觀和歷史文化建築。例如古棧道，它是在沿江的絕壁上開鑿而成的，全長約50公里。古時候的人們要越過一座山至另一邊，便要經過棧道。而沿江還可以遊歷巫山十二峰、昭君故里、屈原故里、白帝城等景點。

三峽工程

長江蘊藏着極豐富的資源。它一年四季的水量從雪峰融化中得以補充，而沿途又有多達七百條支流，爲沿江地區的莊稼提供水利灌溉的资源，而且它又可以通航，讓輪船行駛，溝通內外的航運業。世界上最大的水利工程三峽工程，在竣工蓄水後，部分自然景觀和歷史遺跡將被淹沒，但長遠來説，它還是爲廣大的地區帶來了很多好處。據估計，未來三峽水電站將成爲世界上最大的水力發電站。除發電之外，三峽水利還能夠協助防洪、接駁航運和提供水源。

三峽水壩

長江的發展和演變，牽動著中華民族的脈搏。這個古老的文明搖籃，將煥發出青春的活力。

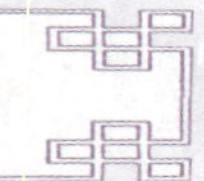

登泰山而小天下

想一想

1.「五岳」是指哪五座山呢？
2.你知道甚麼叫做「封禪」？

五岳之首

泰 山

明代大旅行家徐霞客遊五岳後讚歎道：「五岳歸來不看山。」五岳，指泰山、華山、恒山、衡山和嵩山。因其在中國所處的地理位置，泰山稱爲「東岳」、華山稱爲「西岳」、衡山稱爲「南岳」、恒山稱爲「北岳」、嵩山則稱爲「中岳」。五岳中的泰山，其壯麗的自然景觀和豐富的人文景觀，令人流連忘返。

泰山古稱東岳，又名岱山、岱宗或泰岳，位於中國山東省東部，海拔 1545 米。五岳之中，以泰山獨尊。當登上泰山之巔的玉皇峰，俯瞰廣闊的齊魯大地時，凌駕的感覺便油然而生。幾千年來，泰山在歷代的帝王封禪活動中，地位超然。歷代的文學家遊過泰山而留下的詩文石刻，更使泰山在自然氣息中增添了幾許文化意趣。

泰山封禪

提到泰山的文化，不可不說一說「泰山封禪」。封禪，是一種祭祀天地的儀式，只有帝王才有資格這樣做。封禪的時候有祭天的儀式，祭天時是築土爲壇，因帝王又尊稱天子，所以藉祭天表達感天之恩，具有崇敬感恩的意義。據說在夏、商、周三代，已有七十二位君主到過泰山封禪，統一中國的秦始皇亦到過泰山封禪，往後的漢、唐、宋各朝亦有君主倣效前朝的做法。到了清代，單在乾隆時期，就有十一次到泰山封禪的記錄，乃歷代君主到泰山封禪之冠。封禪的基本意義，除顯示當世君主治國的卓絕功績外，也會祈求國泰民安，風調雨順，百姓安居樂業，繁華盛世代代延續。

一覽眾山小

泰山不但有群峰競秀，也有與群峰緊密相連的流水，在峰巒叠翠之間，溪谷縱横交錯，瀑布飛流直下。泰山三條著名的溪流——東溪、中溪和西溪，沿著懸崖峭壁，奔騰呼嘯而下，氣勢磅礴，呈現出一幅優美的高山流水畫卷。

唐代大詩人杜甫在一首詩中寫道：

會當凌絶頂，一覽衆山小。

站在泰山之巔向下俯瞰，群山變得很渺小。撰寫《史記》的司馬遷也説：

人固有一死，或重於泰山，或輕於鴻毛。

借泰山的崇高來突顯人生的價值，表達了對泰山屹立不群的精神的追求。日常生活中以泰山作爲成語的也有很多，例如「泰山壓頂」、「穩如泰山」等。

泰山，以其渾然天成的壯麗景觀、浩大的封禪典禮與數千年人文氣息的結合，在中國人心目中享有獨特的地位。她在中國人心目中喚起的，是一種至高至美的境界的聯想。同學們如有機會到泰山遊覽一番，定能深切地感受到泰山的文化蘊涵。

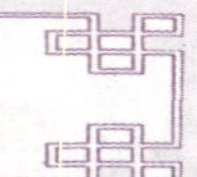

氣吞東瀛華山險

想一想

1. 你知道華山以甚麼特色見稱呢？
2. 華山與哪一個宗教有密切關係呢？

老君犁溝度衆生

華山以險馳名天下，登華山雲台峰時有一段險途叫「老君犁溝」，傳説是老子用犁開闢的。

話説有一年，一群備受欺凌的百姓來到華山北峰脚下，他們日夜不停地幹活，要在陡峭的石坡上修路，不少百姓因此命喪深谷。有一天，老子騎著他的青牛路過華山，發現山下充斥著一股怨氣。經過明查暗訪後，老子歎息道：「我不想百姓再有任何死傷，一定要替他們開闢這段山路。」於是，他向如意扇一吹，變成一張鐵犁。然後，他騎著青牛，拉著鐵犁，在山坡上開闢一條小路。竣工後，老子便把鐵犁放在北峰後邊的石崖上。

剛巧，那時候有一個道士正在北峰石洞中靜坐，目睹一切，便將這個好消息告知百姓，大家都欣喜若狂。他們爲了報答老子的恩惠，便在聚仙臺上開鑿了一個石洞，起名叫「猶龍洞」①，供奉老子。現在，人們遊覽華山時，仍然可以看見石坡上的犁溝。

華　山

華山絶壁

華山是五岳之一，古稱西岳，位於陝西省華陰縣城南，山勢峻峭，群峰挺

① 猶龍：指老子。《史記·老子韓非列傳》：「吾今日見老子，其猶龍邪？」

華山險境

秀。從青柯坪東行，行約二里許，迎面都是懸崖絕壁，高有千仞，兩條鐵鏈斜掛崖頂，像一架天梯一樣，向天空伸展，有「回心石」三字刻於石崖上，令人望而生畏。這三個字正是告訴那些體力不濟和膽子小的人，到這裏就可以回去了。據説許多人到此，就被嚇得驚心動魄，真的回心轉意，知難而退，轉身下山了。

過了回心石，是華山有名的第一險境「千尺幢」。這裏只有一條僅可容身的槽狀裂縫，如刀割鋸截。遊人必須手挽鐵索，腳踏石級，手腳相互配合，才能安全地拾級而上。千尺幢的頂端，就像井口一樣。這裏的崖壁上刻有「太華咽喉」、「氣吞東瀛」的字樣，點出其形勢之險要。

華山的險境不可勝數，有些光聽名字就足以讓人見其驚險，如「鷂子翻身」、「長空棧道」、「擦耳崖」、「猢猻愁」、「上天梯」等，千百年來，吸引了許多探險家，也招徠各地遊人。

華山生來是個寶

華山的主峰高 2154 米, 在五岳中僅次於北岳恒山。華山就像聳立的高大方柱, 四周都是懸崖峭壁。唐代大詩人杜甫有這樣的詩句:

西岳崚嶒竦處尊，諸峰羅立似兒孫。

意思是説華山的峭拔挺立，高聳入雲，恰巧與周圍低矮的諸峰相對照，好像父祖與兒孫一樣。亦有人把四周林立的峰巒形容成「千山捧岳」。

華山除了是旅遊勝地外，更是一座寶山，蘊藏著豐富的資源。如華山松、白皮松、樺樹等，提供了豐富的木材；還有葯材，如天麻、五味子、黨參、丹參、血靈子、銀花等三百餘種，可用來治療疾病。此外，華山也提供了豐富的礦物，如鉬、銻、鈿、金等，廣泛使用在軍事、航空、汽車、化學等工業上。

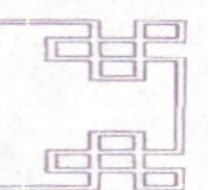

黄山歸來不看岳

想一想

1. 黃山號稱「天下第一奇山」，「奇」在哪裏？
2. 你知道黃山有哪四絶嗎？

天下第一奇山

相傳在上古時代，黃帝曾於黃山（當時稱黟山）修行煉丹，後來得道成仙。唐玄宗李隆基爲了紀念黃帝成仙，將「黟山」改名爲「黃山」，黃山之名即由此而來。

黃山位於安徽省南部，南北長約40公里、東西寬約30公里，面積約1200平方公里，其中主要景區約154平方公里，號稱五百里黃山。景區内奇峰聳立，有36大峰、36小峰，其中蓮花峰、天都峰、光明頂爲三大主峰。

自古以來，文人雅士遊歷過黃山之後，都給予黃山極高的讚譽。明朝的時候，大旅行家徐霞客遊覽黃山後有感而發，歎曰：「薄海内外無如徽（安徽）之黃山，登黃山天下無山，觀止矣。」又寫下了傳頌古今的名句：「五岳歸來不看山，黃山歸來不看岳。」意思是説，從五岳（東岳泰山、西岳華山、南岳衡山、北岳恆山、中岳嵩山）遊歷後回來，從此天下群山都看不上眼；但遊歷過黃山後，發覺原來黃山集五岳特色於一身，而又超乎其上，不再遊覽五岳也可以了。因此，黃山被世人譽爲「天下第一奇山」。

黃山四絶

黃山最引人入勝的地方在於它本身獨有的「奇」。它的「奇」就是馳譽天下的「四絕」：奇松、怪石、雲海、溫泉。

（一）奇松：有句話是這樣説的：「無山不松，無松不奇。」説的就是黃山上的那些破石而生的奇松。那里的松樹沿崖而長，每座山都有令人嘖嘖稱奇的蒼松，而尤以挺立於玉屏峰上的迎客松最为人所津津樂道。迎客松樹幹上有兩把側枝，就像一雙展開的手臂，歡迎四海遊客的光臨。黃山上的奇松蒼勁挺拔，姿態萬千，千百年來，成为黃山奇特風光一個重要的組成部分。

（二）怪石：說到黃山上的怪石，向來「以多著稱，以奇取勝」。它們星羅棋布，形態不一，峭壁上，深壑中，處處可見。著名的有「金雞叫天門」、「松鼠跳天都」、「猴子觀海」等。所有怪石，大都歷經千百年大自然的洗禮和風雨雕琢，渾然天成，巧奪天工。

（三）雲海：黃山一年四季雨水充沛，在谷深林密的景觀中，形成的雲霧時而縹縹緲緲，漫山繚繞；時而煙霧集結，波瀾壯闊，令人歎爲觀止。

（四）溫泉：黃山的溫泉有「天下名泉」的美譽。傳說黃帝曾經在這裏沐浴，發生了奇怪的事情：他的鬚髮竟然由白變黑，從此返老還童了。黃山的溫泉原來還不止這個神奇功效。據說唐代歙州有個地方官叫做李敬方，長年受到風濕骨痛的折磨，遍尋名醫，也沒法治好。後來遊黃山時便到那里的溫泉一浸，沒想到風濕骨痛竟奇跡般地痊癒了！

黃山四絕——奇松、溫泉、雲海、怪石

世界文化遺產

黃山以「變」取勝，一年四季景色各異，山上山下各有不同。獨特的峰林，遍布的峰壑，千姿百態的奇松，維妙維肖的怪石，變幻莫測的雲海，構成了黃山靜中有動、動中有靜的美麗畫卷。這幅天然畫卷魅力無窮，發放出中國河山風貌的永恒光彩。

1985 年，黃山被評爲中國十大風景名勝之一。1990 年，黃山更被聯合國教科文組織列爲「世界自然和文化遺產名錄」，成爲人類最珍貴的遺產和世界最著名的旅遊勝地之一。如果你到神州旅遊，可千萬別錯過遊覽黃山，一睹其神奇！

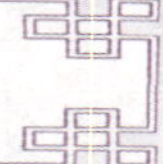

不識廬山真面目

想一想

1. 你讀過李白的《望廬山瀑布》一詩嗎?
2.「不識廬山真面目」的含義是甚麽?

千姿百態

橫看成嶺側成峰,
遠近高低各不同。
不識廬山真面目,
只緣身在此山中。

廬 山

廬山飛峙長江邊, 峰巒叠翠, 雲蒸霞蔚, 遠近高低, 如夢幻般呈現出千姿百態的神奇景觀。自古以來, 無數文人墨客遊歷後, 妙思泉湧, 無不寫詩作文, 讚譽一番。蘇東坡的這首《題西林壁》尤爲著名。

廬山, 亦名「匡廬」。相傳周朝時, 匡氏七兄弟上山修道, 搭建廬舍, 在此居住, 因而廬山又有「匡廬」或「匡山」之稱。廬山位於長江中游江西省九江市南鄱陽湖旁邊。它的分布十分廣闊, 方圓有300平方公里, 其主峰爲漢陽峰, 高達1470米。

秀甲天下

廬山結構上是「斷塊山」, 周圍都是斷層, 由此形成處處奇峰峻嶺和峭壁懸崖的壯觀, 姿態萬千, 高聳可入穹蒼, 而且險要多崖壁, 幽深多峽谷。

廬山瀑布

唐代詩人白居易讚歎「匡廬奇秀甲天下」。廬山聞名天下的奇觀之一是飛泉瀑布。出自唐代大詩人李白的《望廬山瀑布》中的「飛流直下三千尺，疑是銀河落九天」，便是描寫廬山瀑布的著名詩句。飛瀑噴射而出，一躍而下，讓人嘖嘖稱奇。

而廬山的秀氣往往因雲海而生。一年四季，廬山皆有雲霧縈迴，變化萬千，綺麗多姿，景象難以捉摸，爲廬山披上了一層迷濛的神秘面紗。冬天，一片白雪皚皚，處處雪樹銀花，在陽光底下銀光閃閃；樹上的垂枝帶著一片薄雪，隨風搖曳，秀美靈動。

廬山還有很多獨特的景點，例如含鄱口。相傳廬山的七姑娘和鄱陽湖的漁郎相愛，但受到玉帝阻撓，玉帝派遣兩位天將變成兩座山，攔住七姑娘下山的道路。七姑娘彈著琵琶邊歌邊舞，引得兩位天將也跟著歌舞起來，她趁機下山與漁郎相會。玉帝得知天將的疏忽後非常惱怒，派人砍掉他們的頭，剛好砍在兩山中間，就成爲了今天的含鄱口。

又如仙人洞。洞在錦繡谷南端的「佛手巖」下，洞壁有「洞天玉液」等石刻題辭。每當雲霧繚繞之時，洞內仙氣飄飄，令人神往。

避暑勝地

廬山氣候變化多端，乍暖還寒，忽晴忽雨，因而有「一日四季」之稱。

長江中游一帶的平原夏季氣溫相對比較高，但廬山因其獨有的形體結構，水氣往往徘徊不去，內有天然瀑布與泉水，四周又林木遮蔭，使內部環境的濕度相對較高，所以當盛夏來臨時，廬山便成爲當地人們和遊客的避暑勝地。

1996 年，聯合國教科文組織世界遺產委員會以「世界文化景觀」把廬山列入《世界遺產名錄》。由於大自然的恩賜，因而廬山表現的將是恆久的天然美和深厚的人文內涵。

人傑地靈大明湖

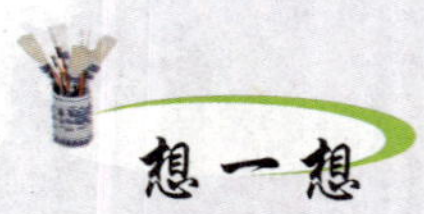

1. 中國有很多美麗的湖泊，你最喜歡哪一個呢？
2. 你知道大明湖有甚麽特徵嗎？

荷柳情緣

大明湖是濟南的三大名勝之一，位於濟南的舊城區內。據記載，它早在一千四百年前已由泉水匯流而成。大明湖終年水源充沛，有「恆雨不漲，久旱不涸」的特點。大明湖很早就被闢爲公園，周遭總面積達80公頃，而湖面本身則佔46公頃。除了天然的孕育外，歷代亦有在大明湖範圍內修建亭台樓閣，使大明湖的自然風光和人文景觀交相輝映，風貌更爲迷人。

大明湖以「四面荷花三面柳，一城春色半城湖」而獨標一格。湖畔垂柳掩映，湖中處處荷花飄香。傳説以前湖邊有一對情投意合的戀人，男的叫楊柳，女的叫荷花。兩人自小青梅竹馬，長大後互生愛慕之情，曾指著湖水發誓「非君不娶，非君不嫁」。後來，有一個官宦人家的惡少，垂涎荷花的美色，強行搶走荷花。楊柳知道後追趕至湖邊，但因惡少人多勢大，楊柳遭毒打而死。荷花悲痛慟哭，掙脱惡少，投湖殉情。令人想不到的事情發生了：楊柳被害的湖畔長出了茂密的柳林，荷花自盡於湖中的地方，生出了美豔的紅荷。柳枝不時向湖中拂水、點頭；紅荷挺立，向柳枝傳情。湖邊的居民説，這是荷、柳兩人的化身，死後也要相互廝守。

一閣、二園、四祠、十亭

大明湖公園內，有「一閣」、「二園」、「四祠」和「十亭」。「一閣」是指北極閣，「二園」是指遐園和秋柳園，「四祠」分別是稼軒祠、鐵公祠、南豐祠和匯泉祠，「十亭」指的是玉涵亭、鴛鴦亭、小滄浪亭、八角亭、九曲亭、望湖亭、浩然亭、湖心亭、歷下亭和月下亭。欣賞荷花的最佳地方，當選「小滄浪亭」；要感受江南庭園的景致和韻味，「遐園」是必到之處，因爲它是仿照寧波的「天一閣」而建成的；要了解南宋年間抗金英雄的事跡，「稼軒祠」是不能錯過的，這個祠的建築是爲紀念當時的名將、一代愛國詞人辛棄疾而建的。

大明湖還有很多美景，黃昏時分，在匯波樓可以看到濟南八景之一的「匯波晚照」，豔紅的夕陽下是一片粼粼波光，湖上小舟點點，如詩如畫；到了鵲華橋，向北眺望，遠遠是鵲、華二山，在細雨霏霏的時節，便可欣賞「鵲華煙雨」的迷人景色；在陽光普照的日子，還能夠清楚地觀賞到《老殘遊記》裏描繪的佛山倒影。

名士文化

大明湖之所以遠近聞名，重要原因之一是它本身具有豐富的「名士文化」內涵。自古以來，許多文人名士遊覽大明湖後，都曾留下一些「墨跡」。唐代有杜甫與李邕歡宴於歷下亭，即興留下「海右此亭古，濟南名士多」的佳句，此句由清朝大書法家何紹基寫成楹聯。而乾隆帝親自題字的「歷下亭」一匾，亦掛在亭門中央。大明湖內有鐵公祠，是爲了紀念明朝的忠臣鐵鉉反對燕王朱棣篡奪帝位，拼死抵抗的事跡。建於元代的北極閣，是一座道教廟宇，規模是濟南市區內最大的，用以供奉道教中的北方神——玄天大帝。

千百年過去，在經歷了數個朝代後，大明湖累積了許多前人的足印墨跡，亭台樓閣依然一派詩情畫意，而數不清的碑刻牌匾至今仍爲世人所喜愛。大明湖有的是豐富的歷史底蘊和優雅的名士氛圍。

大明湖，不是一般的湖。

歷下亭

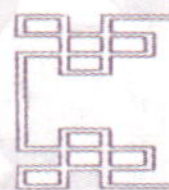

欲把西湖比西子

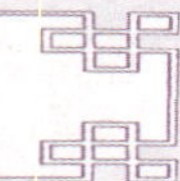

想一想

1. 西湖爲甚麽又叫西子湖？
2. 你能説出「西湖十景」中的其中兩景嗎？

人間天堂

水光瀲灧晴方好，山色空濛雨亦奇。
欲把西湖比西子，淡妝濃抹總相宜。

——蘇軾《飲湖上初晴後雨》

杭州西湖

詩中用作喻體的西子，乃指中國古代四大美人之一的西施。自蘇東坡此詩一出，西湖就有了另一個雅號西子湖。這個晴雨皆美的西子湖就位於中國六大古都之一的杭州。古時候的杭州，在隋煬帝鑿通南北大運河之後迅速發展起來，成爲當時東南地區的大都會，與鄰近另一個大運河的交通樞紐蘇州，富麗甲天下，所謂「上有天堂，下有蘇杭」，可知杭州在古人心目中的地位。元朝時，意大利的大旅行家馬可·波羅讚美杭州是「世界上最美麗華貴的城市」。然而杭州之美，主要是在西子湖，俗語説：「杭州之有西湖，正如人之有眉目」。

蘇堤和白堤

西湖山水相映，沿途楊柳相伴，輕煙暮靄之中，如若泛舟遊湖，更有韻味，令人流連忘返。不過，曾到西湖遊玩的人，在沉迷於它美麗的湖光山色之餘，往往更會爲西子湖千百年來豐厚的文化內涵所吸引。原來，西湖在遠古時期只是一個淺水海灣，經後人開發和治理，才變成今天我們熟悉的模樣。

西湖的風光，最具代表性的是「西湖十景」：蘇堤春曉、平湖秋月、花港觀魚、柳浪聞鶯、雙峰插雲、三潭印月、雷峰夕照、南屏晚鐘、曲院風荷和斷橋殘雪。這些讀來滿口餘香、詩意濃厚的風景名勝，往往都有著一段歷史故事呢。如蘇堤乃宋代大文豪蘇東坡任杭州太守時爲疏通水利而修建的，後人爲了紀念蘇學士治理西湖的功績，所以將之命名爲「蘇堤」。蘇堤全長2.8公里，沿途遍植花草，桃紅柳綠。春天的黎明時分，西湖剛從睡意中甦醒過來，鳥聲可聞，這一幕迷人景致，便是有名的「蘇堤春曉」。西湖的白堤，則是爲了紀念唐代詩人白居易任杭州刺史期間的治水之功而命名的。白居易在杭州三年，重新疏浚了提供水源的六井，又修築湖堤，擴充西湖的儲水量，令千頃農地得以灌溉，人民免受乾旱之苦。

西湖白堤

山水情趣

現今的西湖，三面環山，南北長3.3公里，東西寬2.8公里。從當年的淺水海灣，經過歷朝歷代的整修，已發展成爲自然風光和人文氣息相結合的寶貴遺產。「山得水而活，水得山而媚。」山水湖堤，亭台樓閣，結合了自然情趣，千百年來依舊明豔動人，使西湖贏得「天下第一景」的美譽；這除了得於大自然的孕育外，當然與人們的苦心經營密不可分。今天，當我們在飽覽西湖山光水色之餘，又曾否想到兩位大詩人當年修堤的主要目的乃在於爲民興利呢？

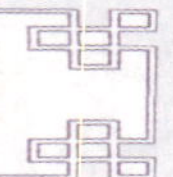

魚米之鄉話太湖

想一想

1.你聽説過關於太湖形成的神話傳説嗎?
2.你知道「太湖三寶」是指甚麼嗎?

碧波萬頃

太湖，碧波萬頃，山水縈繞，是中國的第三大淡水湖。

美麗的太湖是如何形成的呢?自古就有許多神話傳説，其中一個是這樣的：

傳説古時太湖地區原來是一個城市，名叫顯州。當時，顯州有一個貪官，自私自利，罔顧民生，經常不擇手段地殘害百姓，後來，更殺害水母娘娘的丈夫。水母娘娘十分悲傷，她拿了兩個桶子，盛滿五湖四海的水，決意把顯州淹没。

觀音娘娘得知此事後，心急如焚，害怕會殃及顯州百姓。祂想出一個方法，變成一個老婆婆，跟水母娘娘説道：「我很口渴，請施捨一點水給我。」觀音娘娘拿起一個桶，一口氣喝完所有的水。接著，觀音娘娘又捧起另外一個桶，準備喝水。水母娘娘一看，心知不妙，急忙從觀音娘娘手裏奪回桶，把剩餘的水往顯州倒下。頃刻，顯州變成了一片汪洋，形成了浩瀚的太湖，因爲桶裏的水所剩無多，所以没有把周圍的城池全部淹没。相傳時至今天，漁民在太湖捕魚時，還可以撈到昔日顯州留下來的瓦片和磚塊。

太湖風光

湖內有湖

提起太湖，誰不爲之心馳神往？太湖擁有800里湖岸，300餘萬畝湖水。浩瀚遼闊的太湖有如一塊銀盤，湖中浮現60多個島嶼，它們就像璀璨的明珠點綴著湖面，令人陶醉。這些島嶼，高者有數十公尺，可供萬人休憩；低者與水面相平，若隱若現。它們把太湖分隔成若干小湖區，如莫湖、菱湖、胥湖、游湖、貢湖、石湖等，形成了山外有山、湖內有湖的獨特景觀，免除了一片汪洋的單調色彩。宋代文人范仲淹有詩寫道：

有浪仰山高，無風遠練靜。
秋宵誰與期，月華三萬頃。

這首詩只有二十個字，卻準確地描寫了太湖動靜無定的面貌。動時，湖面會泛起一朵朵浪濤，大小島嶼在湖中搖搖晃晃似的；靜時，湖水明亮如鏡，遠望如白練。面對如此美景，詩人期待能夠與人同遊太湖，領略月下美景。

太湖三寶

太湖除了景色優美外，更是聞名遐邇的魚米之鄉。太湖位於江蘇和浙江兩省的交界處，氣候溫和，盛產魚蝦，素有「太湖八百里，魚蝦捉不盡」之稱。其中，銀魚、梅鱭和白蝦被稱爲「太湖三寶」。每年春天的魚類繁殖期，太湖實行全湖禁漁，任何船隻不許下湖作業。每年五月中旬始，便是漁民的捕撈旺季。太湖銀魚通體透明，像是玻璃的，連五臟六腑，全都看得清清楚楚。明朝詩人王叔承有詩寫道：

冰盡溪浪綠，銀魚上急湍。
鮮浮白玉盤，未須探內穴。

這是詩人對銀魚的一首讚詠詩，人們喜愛銀魚，乃因爲它晶瑩小巧，潔白鮮嫩，玲瓏剔透，就像一件件精雕細鏤的工藝品。

太湖之美，美在波光粼粼的湖水，美在錯落有致的島嶼，美在豐富美味的水產。

桂林山水甲天下

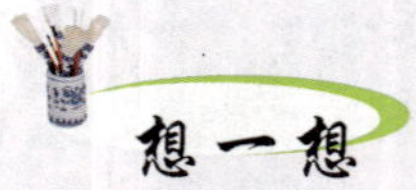

想一想

1.桂林山水的四絕是指甚麼？
2.哪一個季節遊覽桂林較有機會欣賞到「灕江煙雨」的勝景？

桂林四絕

「桂林山水甲天下。」位於廣西壯族自治區的桂林，因山水獨特而聞名中外。

桂林的地理環境在數萬年前已形成，歷經長年累月的風化侵蝕，造就了桂林奇異獨特的山體形狀，其周圍的河流江水，互相依存又互相映襯，成就了美不勝收的山水風光。古今中外，遊歷過桂林山水的人，都對其「山青、水秀、洞奇、石美」四絕稱譽不絕。

山青水秀

桂林的成名，不能少了山。桂林的山平地拔起，千姿百態，瑰麗奇特。因爲風化和雨水侵蝕，所以形成了許多形體不同的山形。例如象鼻山，形似一頭大象，正在酣飲江水。又如九馬畫山，其石壁氣勢磅礴，上有濃淡相宜的斑斕色彩，且疏密有致，隱約浮現九匹姿態各異的駿馬，栩栩如生。而獨秀峰，真是「峰如其名」，一枝獨秀，欲與天公比高。

桂林的山，以奇、秀、險見稱；桂林的水，則以靜、清、綠著名。灕江聞名中外，它碧波如鏡，明淨清澈，水面上山的倒影清晰可見，隨風泛起的漣漪帶著一座座山巒緩緩流動，一幕幕映入遊人的眼簾，真可謂是「舟行碧波上，人在畫中遊」。

洞奇石美

桂林的巖洞奇特。巖洞的形成，像山一樣經過風雨侵蝕。洞的形體怪異，是天然的藝術品。洞內有鐘乳石，一柱一石，日復一日，年復一年，是滴水成形的自然雕塑，千百年來爲巖洞添上許許多多巧奪天工的「神奇」裝飾品。它們姿態各異，遊人從不同的角度觀賞，幻化出無窮形態。

灕江煙雨

桂林山水，美不勝收，而最令人讚賞不已的是「灕江煙雨」。灕江，發源於興安貓兒山，經桂林、陽朔、梧州等地注入珠江，屬於珠江水系。桂林至陽朔一段，流程八十多公里，是世界最大規模的巖熔山水地形，名副其實的山清水秀。從桂林泛舟而下，或從陽朔溯流而上，沿途風光如畫，人稱「水上畫廊」。如天公作美，加上煙雨濛濛，雲紗霧幔，更是奇絕，韻味無窮。有詩狀其意境道：「誰將醉筆寫雲煙，潑墨奇峰水面懸。一片空濛新雨色，還添幾點是漁船。」一代著名畫家徐悲鴻捕捉這一勝景，畫下了不朽名作「灕江煙雨」圖。

桂林山水，一年四季都那麼美；但是，「灕江煙雨」並非四時常可見到。天晴，見不到；天陰，見不到；天雨，若爲豪雨，也缺乏幾分情致。只有在那細雨霏霏，雲霧迷漫的時候，才能真正欣賞到她那神奇的境界。如你想在三五天的桂林遊中見到「灕江煙雨」，那就最好選擇在春夏之交的農曆三四月間，因爲這時的節候煙雨景象出現較多，而且最真最美。

桂林山水，如詩如畫，所謂「遊山如讀史，看山如觀畫」的讚美，誠非過譽。

灕江煙雨

單元六

名勝古蹟

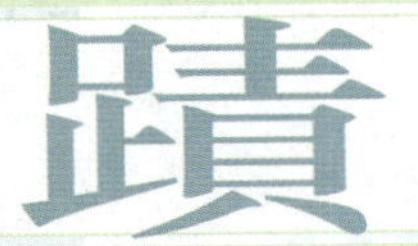

一、曲阜孔廟
二、萬里長城
三、世界奇蹟——秦陵兵馬俑
四、明陵地下宮殿
五、岳陽天下樓
六、十朝古都——西安
七、洛陽牡丹冠群芳
八、漕運樞紐——開封
九、金陵王氣
十、紫禁城傑構

曲阜孔廟

想一想

1. 為甚麼全國各地都遍佈孔廟呢?
2. 你最敬佩孔子的是甚麼?

萬仞宮牆

孔子是春秋時偉大的思想家和教育家，被稱爲「千秋仁義之師，萬世人倫之表」。孔廟是祭祀孔子的地方，爲孔子廟的簡稱，遍佈全國各地。因爲《論語》裏孔子的門徒常稱呼孔子爲夫子，所以孔廟又稱爲「夫子廟」。眾多孔廟中，以孔子的出生地山東曲阜孔廟規模最大，歷史最悠久。

曲阜孔廟門坊匾額的名稱各有寓意，其中仰聖門寫上了「萬仞宮牆」四字，你知道這是甚麼意思嗎?

「仞」是古時的長度單位，一仞相當於今天的八尺，難道這道城牆真的高達八萬尺?

據說孔子的學生子貢曾輔助魯國的君主，一個大夫稱讚子貢的才幹比孔子還要高，子貢回應說:「倘若人的學問好比宮牆，那麼我的宮牆只有肩頭高，人們可以看清牆內的一切;而夫子的宮牆卻高達數仞，找不到門的話，就無法看到牆內宏偉的建築了。」後人爲表示對孔子的敬意，把這「宮牆數仞」的典故改爲「萬仞宮牆」。清代乾隆皇帝親臨曲阜祭孔，命人換上御書「萬仞宮牆」匾額，以示對孔子的尊崇。

曲阜孔廟

三大景觀

孔子爲魯國人，他死後，魯哀公把孔子在曲阜的故居當作廟宇，收藏他的衣冠、琴、車和書，下令每年祭祀。漢代時，高祖劉邦親自到曲阜祭祀孔子，此後帝王親祭孔子的儀式便一直延續到清代。

歷代君主爲表達對孔子的尊崇，不斷加封孔子和擴建廟宇。到清代，雍正下令大事修葺曲阜孔廟，擴建成現在的規模。總面積約爲327畝，南北全長1120米，有5座大殿、54座門坊、13座碑亭及其他堂、壇、閣、祠等460多間，規模雄偉壯麗，宛如帝王宮殿。

規模龐大的曲阜孔廟，主要有三大景觀。第一是大成殿，它是祭祀孔子的正殿。殿內有供案、禮器、樂器，正中的神龕內供奉著孔子塑像。大殿氣勢雄偉，莊嚴華麗，殿前十根盤龍石柱，是中國石雕藝術的珍品。第二是杏壇，它位於大成殿院內，壇旁種有杏樹，相傳是孔子講學的地方。第三是奎文閣，它是孔廟的藏書樓，也是著名的木構建築。它結構奇巧，堅固異常。清朝康熙年間，曲阜曾發生大地震，很多房屋都塌下了，只有奎文閣屹立不倒，顯示了古代卓越的建築技術。

第二碑林

曲阜孔廟內還保存了大量歷代碑刻，堪稱古代書法藝術的寶庫。十三碑亭是專爲保存歷代帝王御賜石碑而建的。這些御碑約有五十餘方，內容主要是唐宋以來帝王封謚孔子及修廟、建廟、祭廟的紀錄。其中，存放在奎文閣的成化碑，頗具聲名。它的外形巨大，碑文書法更是精湛傑出。這些御碑或用漢文、或用蒙古文、或用滿文刻寫，或三種文字合刻，其中不乏珍品，具有歷史、書法等各方面的重要價值。由於其碑刻之多僅次於西安碑林，所以有中國「第二碑林」之稱。

現在全國完整保存著三百多座孔廟，每年農曆八月二十七日孔子誕辰，廟宇都會舉行各項祭祀活動，這充分反映了孔子在中國人心中的崇高地位。

孔廟內的碑刻

萬里長城

想一想

1. 你認爲興建長城是否是抵抗外族入侵的最佳方法呢?
2. 你贊成秦始皇興建萬里長城嗎? 爲甚麽?

血肉築成的邊牆

萬里長城

蜿蜒起伏於千山萬嶺的長城，非常雄偉壯觀。原來，秦始皇在派大將蒙恬率師北伐匈奴，收復河套地區後，爲了防止匈奴捲土重來，再度入侵，於是下令徵召天下百姓，與征伐匈奴的軍隊一起修建長城，夜以繼日，不眠不休。由於長城地處北方邊陲，氣候寒冷，築城所需的磚瓦、石料、沙土和木材都是靠人力搬運的。其時，許多士兵和民伕因爲承受不了艱辛的勞動，以致客死異鄉，葬身長城腳下，付出了沉重的代價。

這座花費無數人力、物力和財力興建的北方邊境保護牆，是人民血汗的結晶，不僅抵抗了外族的入侵，也代表了中國古代建築的傑出成就。

衆多險要的關隘

秦代的長城是在戰國時燕、趙、魏三國長城的基礎上修築起來的，西起臨洮(今甘肅岷縣)，東至遼東。自春秋戰國以來，長城代有修葺，它見證了中華民族悠久的歷史。今天，我們看到的萬里長城，主要是在明代修建的。爲了防衛邊境，明朝二百多年中，大規

山海關

模的施工前後共計達十八次之多。明代長城的關隘很多，都是建築在地勢險要的地方，著名的有八達嶺居庸關、嘉峪關、山海關等。

在眾多的關隘中，山海關是由明代開國功臣、大將軍徐達奉命建造的，它南臨渤海，北倚燕山，正處山海交接之處，集海防和陸防於一身，是兵家必爭之地，故有「天下第一關」之稱。山海關東西南北各有一城門，城牆高達 14 米，四周烽火墩台星羅棋布，構成一個堅固的軍事防禦體系。

追求和平的象徵

萬里長城是一項十分龐大的建築工程，經過歷朝的修葺，到明朝時，已修成如現在的樣貌。它從山海關起，經河北、山西、陝西、內蒙古、寧夏，到達甘肅的嘉峪關，穿過崇山峻嶺，山澗峽谷，綿延起伏，總長度有 12000 多華里，因而稱爲「萬里長城」。面對如此偉大的建築，沒有人不會被古人偉大的氣魄和堅毅的精神所感動。

歷代王朝的統治者，面對外族的入侵，選擇興建城牆防衛的方法。有人認爲這是怯懦的行爲，你同意嗎？其實，只要我們細心回顧歷史，便可以發現長城的修建並不都在國勢衰弱之時，例如秦始皇和漢武帝均是在驅逐匈奴之後，才開始修築長城的。因此，在古代，長城是一道邊牆，一種警示，實際上是爲了阻遏北邊和西北邊遊牧民族的入侵，追求和平共處。

世界奇蹟——秦陵兵馬俑

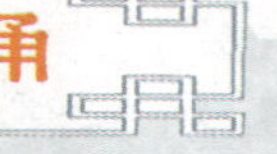

想一想

1. 你知道秦始皇爲何要興建如此龐大的兵馬俑嗎？
2. 你贊成古代厚葬的禮俗嗎？

世界第八大奇蹟

猜一猜，埋藏在地下的秦始皇陵兵馬俑，是如何被發現的呢？

秦陵兵馬俑

1974年的春天，在西安以東約35公里的臨潼縣西楊村，幾個農民在秦陵東側打井，希望尋找地下水源。有一天，農民意外地挖出了一個窟窿，再往下挖又漸漸出現了一些陶俑殘片、鋪地磚、碎片等。這些文物引起了農民的猜測，有人說：「這是妖怪吧！」大家議論紛紛，莫衷一是。當中，有些人把陶俑搬到田野，給它戴上帽子，打扮成草人嚇阻小鳥。當時的水利主管人員得知此事後，認爲這些可能是古代文物，於是向縣文化館報告，隨即引起考古學家的高度重視。結果，在地下沉寂了二千二百多年的秦始皇陵兵馬俑坑，得以重見天日。

兵馬俑坑一出土，就在世界上引起了極大轟動，被稱爲「世界第八大奇蹟」。自1983年建成博物館以來，來自世界各地的參觀者絡繹不絕。1987年12月聯合國教科文組織將其列入「世界文化遺產」名錄，作爲世界文化寶庫中的一部分。

地下軍隊

法國總統希拉克在參觀了秦陵兵馬俑後，深有感慨地說：「不看兵馬俑，等於沒有真正到過中國。」規模浩大、場面壯觀的兵馬俑，常常使每一位參觀者爲之讚歎。我們不禁會問道：「爲甚麼秦始皇要興建陣容如此宏大的地下軍隊呢？」

兵馬俑布局錯落有致，是一個結構特殊的地下建築。在總面積達 20780 平方米的三個兵馬俑坑內，共有 7000 多件與真人真馬大小相仿的兵馬俑，氣勢逼人。如在一號俑坑，我們可以看到陶俑陶馬約 6000 件，戰車 40 餘乘。它們均排列整齊，像是準備隨時接受命令，攻打敵人，保家衛國。

三個兵馬俑坑的兵力是按照實戰狀態佈置的，士兵都攜帶著兵器，整裝待發。目前出土的各類兵器多達 40000 件，有劍、戈、矛、戟、斧、弓、弩等。雖然經過二千多年的磨蝕，仍然寒光閃閃，鋒利無比。

俑葬文化

當年，秦始皇花費無數的人力物力，興建如此龐大的兵馬俑，究竟目的何在呢？原來，這三個大型兵馬俑坑，位於秦始皇陵附近，相信這支精銳的軍隊，主要的責任應該是保護秦始皇，使他在死後，仍能擁有一支所向披靡的大軍，雄視天下。

在中國古代，講求厚葬，強調葬之以禮，曾經盛行過「人殉制度」，即用活人爲死去的氏族首領殉葬。這一制度直到春秋戰國才逐漸被廢除，出现了仿照活人的形象而製作的俑，形成中國獨特的俑葬文化。秦陵兵馬俑是其中的佼佼者，它反映出秦代的雕塑藝術已達到相當高的水平。

栩栩如生的兵馬俑

明陵地下宮殿

想一想

1. 爲甚麼皇帝要興建雄偉壯觀的陵墓呢?
2. 皇帝會選擇甚麼作爲陪葬品呢?

挑選陵址

北京昌平北十公里處的天壽山，是明代皇帝主要陵墓的所在地，明代共有13個皇帝埋葬在這裏，故稱「十三陵」。

明十三陵

據説當年明成祖朱棣下令官員挑選「吉壤」，準備建陵。多位官員奔忙了兩年多，才找到幾處風水較好的地方。一處選在屠家營，但因明朝皇帝姓朱，「朱」與「豬」同音，豬進了屠家營定遭宰殺，犯忌諱，因此不能選用。一處是昌平西南的羊山腳下，卻發現山後有個小村叫「狼兒峪」，「羊」旁有「狼」，更爲危險，也不能用。還有一處是京西的「燕家台」，由於當地百姓害怕被迫遷徙，便把「燕家台」説成「晏駕台」。「晏駕」就是皇帝死了，不吉祥，也不宜採用。至1409年，明成祖才選中十三陵這片地區，它的東、西、北三面群山聳立，如同屏障；南面虎山、蟒山相對，好似一龍一虎在看守著門戶，確是塊風水寶地。

規模壯觀

明十三陵自1409年開始修建，至1644年明朝滅亡，歷經230

多年，工程浩大。陵園建築規模雄偉壯觀，共佔地40平方公里，約相當於5500個足球場。陵園周圍建有陵牆，設有10個關口。

在陵區南北長達7公里的中軸線上有條顯示帝王尊嚴的「神道」（陵墓通道），沿神道建有石牌坊、下馬碑　、大紅門（十三陵的總門戶）、石象生（仿動物的石雕像）等。石像的後面是龍鳳門，也叫「欞星門」。古人認爲陵墓前的龍鳳門有陰陽相隔之意，進入龍鳳門，便意味著到了陰間，到達明朝十三個皇帝的陵墓範圍。

這十三座陵墓大小規模不一，但其建築布局、規則大致相同。一般來説，凡皇帝生前就開始修建的，規模較大，地面建築也較豪華，如明成祖長陵和神宗定陵等；相反，凡皇帝死後才建築的陵墓，工程則較爲簡陋，如仁宗獻陵和憲宗茂陵等。

神秘莫測

十三陵的地面建築規模宏偉，但它們只是陵墓上的裝飾，真正的陵墓建築，則是那埋在地下的宮殿。其中，明朝第十三個皇帝明神宗的陵寢已經發掘，並建成定陵地下博物館，世人可藉此一窺這所神秘莫測的地宮。

定陵地宮的平面布局與皇帝生前的宮殿相似，基本上是「前朝後寢」，總面積爲1195平方米。宮内共有7座大門，每扇重達4噸，開啟時卻靈活輕巧。地宮由五個殿堂連結而成，設有樑柱，神宗與兩位皇后的棺槨都放在後殿的棺床上。在定陵地宮中還出土三千多件殉葬物品，有皇帝金冠、皇后鳳冠、帝后冠服、玉器、銀元寶、金錠、織錦等，目前分別在長陵祾恩殿及定陵明樓前的陳列室展出。

古代的帝皇爲了修建陵墓，往往耗費大量人力物力，勞民傷財。當我們在欣賞十三陵的宏偉建築時，又能否體會到當中是用多少百姓的血汗換來的嗎？

明孝陵神道

岳陽天下樓

想一想

1. 你知道岳陽樓位於哪裏嗎？
2. 是誰寫了著名的《岳陽樓記》？

名列「江南三大名樓」

岳陽樓

屹立於湖南省洞庭湖畔的岳陽樓背靠岳陽城，登樓遠眺，正是湖光山色，波濤萬頃，「浩浩湯湯，橫無際涯；朝暉夕陰，氣象萬千」①，素有「岳陽天下樓」的美譽，與武昌的黃鶴樓、南昌的滕王閣合稱江南三大名樓。

岳陽樓的建築很有特色，現存岳陽樓爲清代重建，三層三簷，純木結構，全樓樑、柱、檁、椽全用榫頭銜接，不用一釘，穩如磐石。樓內四周的窗戶，多是精緻的迴紋窗欞，門扇有各種獨特的雕畫，結構精巧。岳陽樓的另一特色是樓頂的形狀酷似古代武士的頭盔，稱爲盔頂，在中國古代建築中極爲少見。

岳陽樓歷來是文人墨客雅集之處，唐代詩人李白、杜甫、白居易等，便曾先後登臨，留下許多詩作。宋代名相范仲淹亦撰寫了《岳陽樓記》，文中的「先天下之憂而憂，後天下之樂而樂」傳誦千古，岳陽樓亦隨之揚名天下。

①語出范仲淹《岳陽樓記》。

魯班顯靈，鬼斧神工

有關岳陽樓的由來，有這樣的一個故事：傳説唐玄宗之世，太守張説被洞庭湖一帶的景物迷住了，決意招聘工匠興建一座壯麗的樓台，方便登樓遠眺。幾天後，有一個名叫李魯班的青年，自稱手藝超凡，誰知過了一個多月，他設計出的圖樣只是一座小亭，一點氣派也沒有！張説很生氣，説：「如果七天以後你還交不出樓閣的設計圖樣，就要受到嚴厲的懲罰。」李魯班聽後，惶惶不可終日，走到洞庭湖邊，痛哭起來。

這時候，一位白髮老人朝他走來，從包袱中拿出許多編有號碼的木條，説：「你只要照這個樣式造一座樓閣，張太守一定會滿意的。」老人留下一把小尺就走了。李魯班拿著那些木條不斷拼湊，果然拼出一座十分壯觀的樓閣模型，令人歎爲觀止。李魯班充滿疑惑，究竟哪位老人是誰呢？他無意間低頭一看，發現手中的小尺上寫著「魯班尺」三個字。李魯班恍然大悟，原來是魯班師傅顯靈相助。

水天一色，風月無邊

岳陽樓保存的歷史文物非常豐富，其中多爲著名詩人、文士的楹聯和題刻，這爲岳陽樓增添獨特的藝術色彩。這些楹聯中，最長的有102字，短的僅有8個字，皆是前賢佳作。岳陽樓三樓有一副最短的對聯，署名李太白：

水天一色
風月無邊

相傳當年岳陽樓建成後，在三樓木壁上發現三個隱約可見的字：「一」、「虫」、「二」。有人向李白請教，他想了一想，回答説：「這是一副對聯，『一』字是『水天一色』。『虫』和『二』字是『風月無邊』。」有人恍然大悟，説：「對！『風』字沒有『几』邊，『月』字沒有『⺆』邊，就是『虫』和『二』。」人們聽説後，都拍案叫絕。

登上岳陽樓，不僅可以觀賞湖光山色，還能欣賞到歷代保留下來的絕妙楹聯，發思古之幽情；而范仲淹「先憂後樂」的崇高情操，千百年來，更是激勵著無數志士仁人。

十朝古都——西安

1. 古時候，西安稱爲甚麼呢？
2. 你可以舉出歷史上三個定都西安的朝代嗎？

古都之最

古都西安

西安是中國著名的古都之一，若以發祥之早，建都朝代之多來説，堪稱八大古都[①]之最。唐代大詩人杜甫讚美西安是：「秦中自古帝王州。」此言不虛，西安位於陝西省中部，四面有高山環繞，易守難攻，守軍只要堅守四面山嶺上的關隘，敵人是難以攻入的，古代不少開國君主都選擇在此建都。自西周開始，歷經秦、西漢、前趙、前秦、後秦、西魏、北周和隋、唐，在長達一千多年中，先後有十个個王朝在這裏建都，所以西安有「十朝古都」之稱。

漢朝、唐朝建都西安時，都稱西安爲「長安」。唐朝以後，長安不再是國家首都，名稱也開始改變。宋、金時，西安名爲「京兆府城」，元代名爲「奉元路城」。明朝初年，又將「奉元路城」改名「西安府」，取「西北安定」的意思。此後，「西安」的名稱便沿用至今。

---

①八大古都，指殷（遺址在今河南安陽小屯村）、長安（西安）、洛陽、開封、杭州、鄭州、南京與北京。

雁塔晨鐘

雁塔晨鐘

西安是多個朝代的都城，擁有大量古蹟和文物。西安能憑藉這個優勢，大力發展旅遊業，帶動陝西等西北地區的經濟發展。西安不少名勝，馳名遐邇，例如古城牆、碑林、大雁塔、小雁塔、鐘樓等標誌性建築。當然，還有「世界第八大奇跡」的秦始皇陵兵馬俑。

西安八景之中，有所謂「雁塔晨鐘」。這裏所说的「雁塔」，説的是「小雁塔」。至於「雁塔晨鐘」中的大鐘，重達兩萬多斤。小雁塔不甚高，但層數分得甚細，達 15 層之多。這個小小的塔，有一個耐人尋味的故事。據説明代時，發生一次 7 級大地震，整個塔裂開兩邊，但三十四年後的另一次大地震，裂開的塔竟然在一夜之間合攏，莫名其妙地恢復如故，因而被人稱爲「神合」塔。

國際都會

唐朝時，長安城是經過精心的規劃而建築起來的，主要分爲宮城、皇城和外廓城三大部分。宮城，是皇帝、嬪妃的居所，也是皇帝處理朝政的地方；皇城，就是政府官員辦公的地方；外廓城，是百姓或官員的住宅區，也是長安城的商業區。

唐朝國勢強盛，首都長安更是一個國際性城市和經濟文化交流中心。詩人王維描寫當時的盛況是：

九天閶闔開宮殿，拜萬國衣冠冕旒①。

當時不少鄰近的國家和民族, 都紛紛派遣使節到長安訪問，來唐的外國使者遍及亞洲、歐洲、非洲的國家。外國的商旅、留學生，以及各種宗教的信徒, 絡繹不絕地來到長安, 長期居住的達萬人以上。

長安城中各國人士雲集, 唐人對胡人的音樂、歌舞和服飾, 都廣爲接受, 風靡一時, 可見唐代的長安是各國文化匯聚的國際大都市。

今日的西安，是陝西省的政治、經濟和文化的中心，在西部大開發中擔當著重要的角色。

①冕旒：冕，禮帽。旒，禮帽前後端垂下的繩。冕旒是古代最尊貴的一種禮帽。

洛陽牡丹冠群芳

想一想

1.你知道洛陽市的市花是甚麼嗎?

2.爲甚麼古代帝王喜歡建都洛陽呢?

花中之王

洛陽牡丹，品種繁多，國色天香，雍容華貴，有「洛陽牡丹，豔冠群芳」的美譽。每年四月的時候，都會有很多愛花者慕名而來，花海人潮，盛況非凡。

牡丹花

據聞牡丹本來是生長於長安的：在一個大雪紛飛的冬日，武則天心血來潮，想要賞花，於是寫下「明朝遊上苑，火速報春知；花需連夜發，莫待曉風催」的詔書，下令要所有花朵在一夜之間全部開放。百花不敢違命，惟有牡丹抗旨不開。武則天勃然大怒，說：「大膽牡丹，竟敢如此放肆，朕就貶你到洛陽。」誰知到洛陽後，牡丹競相怒放，千姿百態，千嬌百媚。武則天得知後，下令將牡丹全部燒掉。怎料到了第二天，被燒焦的牡丹，竟又開出了又大又紅的花朵。洛陽百姓因此更加偏愛牡丹，讚它爲「花中之王」。

八朝古都

洛陽不僅盛產牡丹，還是中國歷史上著名的古都之一。洛陽，位於中原腹地，形勢險要，土地肥沃，水陸交通四通八達，爲建都的理想之地。遠在公元前12世紀之初，周公姬旦便在這裏營建城池，稱爲洛邑，作爲西周的陪都。公元前770年，周平王東遷洛邑，這是洛陽正式成爲都城之始。以後在這裏建都的，還有東漢、曹魏、西晉、北魏、隋（煬帝）、武周和後唐，前後共八個王朝，故有「八朝古都」之稱。

作爲一個歷史悠久的古都名城，洛陽雖屢經滄桑，至今仍留存著豐富多彩的文物古蹟。洛陽古墓博物館，是一個以陳列歷代墓葬爲主要内容的專題性博物館，特别是洛陽城北的邙山，因埋葬東漢皇帝，成爲中國古代最負盛名的墓地之一。此後，西晉、北魏皇家陵園均建於邙山。周圍百里，都佈滿了帝王和忠臣烈士的陵墓，極具規模。

八大景點

洛陽亦是一個旅遊勝地，民間流傳著「洛陽八大景」之說，是中外旅遊者必遊之地。它們是：

龍門山色，馬寺鐘聲。
金谷春晴，洛浦秋風。
天津曉月，銅駝暮雨。
平泉朝游，邙山晚眺。

簡潔的言語，道出了洛陽八大風景名勝：龍門石窟、白馬寺、金穀園、南洛河、天津橋、銅駝大街、平泉山莊和邙山的特色。

古往今來，洛陽以其豐富的歷史文化、旖麗的山水名勝，名聞遐邇，飲譽中外。

洛陽白馬寺

漕運樞紐——開封

想一想

1. 你知道名畫《清明上河圖》描繪的是哪個地方的盛况嗎？
2. 開封有所謂「文包武楊」。猜一猜，「文包」是指誰？

開封有個包青天

流行歌曲《包青天》的開首是：「開封有個包青天，鐵面無私辨忠奸。」開封有所謂「文包武楊」，「文包」是指包公，「武楊」是楊業。包公故事經戲曲小説的渲染，以及電視劇《包青天》的傳播，可説是家喻户曉。

包公是安徽合肥人，宋仁宗時曾掌理開封府。他執法嚴明，鐵面無私，將開封治理得井井有條。包公死後，開封的老百姓非常懷念他，在開封府旁修建了一座包公祠。當時，開封府衙署有一塊「開封府題名記」石碑，碑上細刻183位曾在開封任官者的名字，其中「包拯」兩個字被後人撫摸最多，留下了深深的指痕，可見這位清官深受世人景仰。現在，這塊石碑仍然保存在開封歷史博物館裏。

今日所見的包公祠，是1984年重建的，位於包公湖畔，兩岸種植了楊柳，河中一片荷花，景色怡人。

古都開封

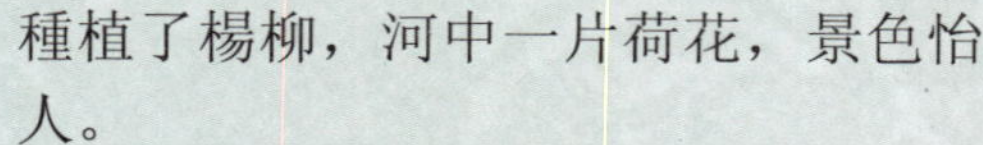

北宋都城，盛極一時

開封位於黄河南側的中原腹心之地。古時候，開封被稱爲「四水貫都」，有汴河、惠民河、五丈河和金水河這四條河貫穿全城。其中，汴河爲隋代通濟渠的前身。隋陽帝開通南北大運河後，由於有汴河漕運之利，以開封爲中心，形成了一個完善的水路交通網，貫通海河、黃河、淮河、長江、錢塘江五大水系，商賈雲集。

開封古稱大梁，戰國時爲魏國都城。五代時期，後梁、後晉、後漢、後周等都先後以開封爲都，稱爲「東京」。金、元時期，開封稱爲「汴梁」。北宋時亦以開封爲都，復稱爲「東京」，亦稱「汴京」，是開封發展史上最繁盛輝煌的時期。有人這樣形容當時的盛況：

曾經滄海難爲水，除卻梁園總是村。

意思是說，曾經到過東京開封府的人，以後看到別的城市只當作一些小小的村莊而已。這裏從側面反映了開封是當時全國政治、經濟、文化的中心。宋代張擇端的《清明上河圖》爲我們展現了八百多年前，東京都城汴河沿岸店鋪林立、車水馬龍的繁榮景象。

清明上河圖（局部）

後來，金兵南下滅宋，開封城遭到極大破壞，運河漕運中斷。開封城失去了賴以生存的水路交通，很快便衰落下去了。

王朝遺蹟，龍亭重現

開封作爲中國七大古都之一，擁有不少名勝古蹟，如龍亭公園是開封最大的文物古蹟景點。龍亭一帶，是五代、北宋、金等諸王朝的宮殿遺址。康熙年間在此修建了一座萬壽亭，亭內供奉皇帝牌位，因此又稱爲龍亭。雍正時擴建爲萬壽宮，造型壯觀。後來因日久失修，殘頹殆盡。直至1985年，開封市按當年萬壽宮的規模重修。

今日的龍亭，大殿高26米多，建於72級蹬道的平台之上。殿頂晶瑩奪目的琉璃瓦片，可媲美故宮。龍亭內設有蠟像館，人物包括北宋的九個皇帝與著名的文臣武將。

除了包公祠和龍亭外，開封還有不少歷史文物古蹟，如鐵塔、相國寺、延慶觀、禹王台、楊家湖等，都是值得一遊的好地方。

金陵王氣

想一想

1.「南京」讓你聯想起甚麼呢？

2.南京有「六朝都會」之稱，你知道是指哪六個朝代嗎？

龍蟠虎踞，蘊藏「王氣」

雄踞東南的南京，扼長江天塹之要衝，亦是中國七大古都之一。它曾是孫吳、東晉、宋、齊、梁、陳的都城，以「六代豪華」見稱於世。六朝之後，又先後有南唐、明、太平天國、民國政府等在這裏建都，所以南京又有「十代古都」之稱。

南京山環水抱，易守難攻，成爲歷代兵家必爭之地。其中尤以東邊的鐘山、西邊的石頭山最爲險要。據說三國時著名軍事家諸葛亮來到南京，看到以鐘山爲首的群山，有巨龍蜿蜒蟠伏之勢；而以石頭山爲終點的西部諸山，又似猛虎蹲踞，不由得發出驚歎：「鐘山龍蟠，石頭虎踞，兩山守護下的南京，是最適合成爲一國之都的。」後人便以「龍蟠虎踞」四字來盛讚南京地勢之雄偉，認爲她蘊藏着一道「王氣」。

英雄所見略同。孫權定都南京後，便在石頭山築城，修建大規模的石頭城，屯兵防衛。石頭城從此成爲拱衛古都的要塞，而南京也因此別稱「石頭城」。

南京鐘山

六朝金粉帝王州

自公元3世紀至6世紀期間，三國時的孫吳、東晉，以及南朝的宋、齊、梁、陳分別在南京建立王朝。經過六朝三百餘年的經營，南京成爲南中國的政治、經濟、文化中心，是當時中國最繁華熱鬧的都會之一。

自東晉開始，各個王朝不斷在南京興建宮闕、殿堂、花園等，殿宇數目竟達3500間，上至皇帝妃嬪，下至名門貴族，都過著窮奢極欲的生活。「六朝金粉帝王州」，正是南京在「六朝」時期繁華盛況的寫照。

秦淮夜色

當時，秦淮河兩岸是六朝時期南京最繁盛的地方，酒樓伎館，佈滿兩岸，歌舞絲竹，徹夜不絕，是達官貴人飲宴遊樂的好去處。秦淮河南岸的烏衣巷是豪門望族王導、謝安兩大家族居住過的地方，是東晉、南朝時期著名的坊巷，巷口車水馬龍，往來的都是達官貴人。

繁華如夢逝，古蹟今尚存

公元589年，隋朝平定陳朝，統一中國。隋文帝爲了防止其他人以南京爲根據地，割據江南，於是下令把建康城徹底破壞，夷爲平地。面對六朝故都的殘垣，觸動了很多文人的心緒，寫下一篇篇詠歎的詩篇。唐代詩人韋莊在《台城》一詩中感歎地說：

江雨霏霏江草齊，六朝如夢鳥空啼。
無情最是台城柳，依舊煙籠十里堤。

詩人感慨六朝的繁華事蹟如夢一般消逝，連鳥兒也感哀傷。唯獨無情的柳樹，依然茂密如故。

今日的南京，有不少好去處，值得一看。如明孝陵是明太祖朱元璋與馬皇后的合葬墓，位於南京市東郊紫金山南麓西側。孝陵前後共用了三十多年才營造完成，規模宏偉，陵園之中，栽有十萬棵松柏。在太平天國期間，孝陵雖遭戰火破壞，但仍基本保持了原貌。其他名勝古蹟還有棲霞寺、千佛岩、玄武湖、中山陵、天朝宮殿等。

雖然「十代都會」的繁榮景況隨風消逝，卻爲南京留下了豐富的文物古蹟，名列「中國歷史文化名城」。

紫禁城傑構

想一想

1. 你知道故宮以前稱爲甚麼嗎？
2. 爲甚麼皇帝崇尚黄色？

故宮三問，妙在其中

問：爲甚麼故宮以前稱爲「紫禁城」呢？

答：古時，皇帝被視爲天帝的兒子。古人認爲天帝住在紫微星中，於是人們將皇宮比喻爲紫宮。且皇宮爲禁地，戒備深嚴，任何百姓不得靠近，所以稱爲「紫禁城」，至1925年始稱爲「故宮」。

問：故宮有多少房間呢？

答：據聞故宮有9999間房。因爲天帝的住處有10000間房，故皇帝不敢與其同數。也有人說，「9」的諧音是「久」，寓意皇帝的江山可以長長久久，千秋萬代。

問：乾清宮有多少張「龍床」呢？

答：乾清宮是皇帝的寢宮及日常生活的地方，內裏共設有27張床。這樣皇帝可任意換床睡覺，以防刺客。

規模龐大，保存完整

乾清宮

北京，作爲當代中国的首都，亦是我國古都的翹楚。我國近古的三個大朝代元朝、明朝與清朝，均建都於此。

故宮，位於北京市中心，它是明清兩代的皇宮。明成祖朱棣於1406年開始修建，共花費了十四年時間才建成。在近五百年間，先後有二十四個皇帝（明代十四個，清代十個）在這裏居住過。

故宮佔地面積72萬平方米，建築面積15萬平方米，是世界六大宮殿中佔地面積第二、建築面積第一，規模最大、保存最完整的古代皇宮建築群，也是現今中國最大的木結構建築群。此外，故宮也是全中國最大的博物館，珍藏品逾100萬件。

故宮建築規模龐大，它集歷代宮殿之大成。從建築佈局來看，故宮可分爲「外朝」和「內廷」兩部分。「外朝」是皇帝舉行重要典禮和召見群臣的地方，主要有太和殿、中和殿和保和殿等建築；「內廷」又稱爲「寢宮」，它是皇帝處理政務和皇后妃嬪的住處，主要建築有乾清宮、坤寧宮、交泰殿等，還有爲數不少的佛堂、戲台和花園等。

色調尚黃，道合「中庸」

故宮，是皇帝居住的處所，必須突出皇帝「至高無上」的身分。因此，故宮建築物所用的材料、色彩、高度等，都有嚴格的規定，不論是達官貴人或平民百姓，都不可以模仿皇宮的建設。例如：中國傳統有五行之説，以青、紅、白、黑象徵四方，以黃色表示中央。古時，黃色是皇帝用物最多採用的色彩，故宮的建築材料就是主要採用大片黃色琉璃瓦，以黃色爲主調的，金光燦爛。

故宮的另一建築特色是體現了儒家的精神。儒學追求「中庸之道」，即待人處事不偏不倚。故宮有不少建築物的命名體現了這個精神。如「太和殿」的「太和」兩字是指宇宙萬物和諧；「中和殿」的「中和」是指凡事要做到恰如其分；「保和殿」中的「保和」有保持和諧之意。

過去，故宮戒備森嚴，充滿著神秘的色彩。今天，它已經開放給中外遊人參觀，讓世人可以更深入了解中國古代宮殿建築的特色。

單元七

禮儀情操

百行孝爲先

1. 你知道「百行」以甚麼爲先嗎？
2. 你聽説過《二十四孝》中的故事嗎？

兄弟爭孝

所謂「百行以孝爲先」，「孝道」向來是中國人特別注重的品德，是家庭中的核心道德。《二十四孝》成書於元代，相傳由郭居敬編著，以詩體述説 24 名孝子的故事，宣揚孝德，流傳廣遠。

兄弟爭孝

「兄弟爭孝」是一個很多人都熟知的故事。據説清朝的時候，長江口外的崇明島上，有一個姓吳的人家。吴家有四個孩子，家境清貧，父母逼不得已把他們賣給有錢人家當僕人。幾個孩子勤奮節儉，長大後，贖出了賣身契，回到家鄉後，蓋起房舍，成家立業，生活自得其樂。他們時刻牢記父母的養育之恩，所以四兄弟爭相供養父母，以盡孝道。最初安排每家供養父母各一個月。這樣，隔三個月每家都能輪到一次，後來覺得三個月的時間太長，經商議後，改爲每家供養一日。再後來又改爲自老大起每人供養一餐，每隔五天，闔家老少聚在一起，共享一席。子孫、兒媳在席上爭相敬酒，孝順二老，和睦溫馨。二位老人得以安享天年，生活幸福。

單衣順母

《二十四孝》還有這樣的一個故事，説明孝子不僅要孝順自己親生父母，也要以真誠的態度對待繼父繼母。

周朝時候，有一個叫閔子騫的人，母親早逝，父親再娶了一個妻子。幾年後，繼母生了兩個兒子，從此薄待子騫。有一年冬天，繼母用棉絮爲親生兒子縫製棉襖，而子騫的卻用蘆花絮，根本不能禦寒。後來，父親外出，要兒子幫忙拉車。寒風凜冽，子騫衣著單薄，身體不停發抖，父親以爲他懶惰，不肯幹活，大聲責罵，他默默忍受，沒有説出因由。其後，拉車的繩子把子騫肩頭的布磨破了，父親看到布裏的蘆花，才知道兒子受到後母虐待，便決定要休妻。這時候，子騫卻向父親求情説：「父親，請把母親留下來吧！母親在家，只有我一人受寒。如果母親走了，卻有三個孩子受寒受苦。」繼母聽説後，非常感動，於是痛改前非，把子騫視如親生兒子一般。

單衣順母

以孝治天下

《二十四孝》的故事在古代雖被視爲典範，但以現代人的眼光來看，卻有不少糟粕，並非種種孝行都值得稱許。不過，從24名孝子的故事中，體現了古人非常重視孝道精神，這還是值得今人借鑑的。

另一部闡述儒家孝道和孝治觀的著作是《孝經》，它成書於禮崩樂壞、篡弑頻生的春秋戰國時代。《孝經》第一章就開宗明義：

夫孝，德之本也，教之所以由生也。

意思是説：孝是一切道德的根本，所有品行的教化都是由孝道產生的，闡明孝道是治理天下最好的方法。如果君主能以孝教化臣民，那麼社會各階層的人都會相親相愛，天下自然就會太平。

《孝經》全書總字數不過1800餘言，可是，兩千年來，上至帝王將相，下至黎民百姓，都推崇備至。唐玄宗更親自書寫《孝經》，刻石立於太學。這一塊巨大的石刻，至今仍屹立在西安碑林中。

「孝道」是中國人的傳統美德，對父母的孝敬應該説是對父母養育之恩的一種報答，今日我們對待父母的很多行爲表現，都受到傳統孝道的影響。

尊師重德之美

1. 爲甚麽老師值得我們尊敬呢?
2. 你會如何表達對老師的敬愛呢?

傳道授業，竭盡心力

老師是教導學生如何做人、傳授學業、解決疑難的人。一個人的成長，除了父母的養育之外，老師的用心教誨，亦是十分關鍵的。那麽，誰人才可成爲老師呢？唐代文學家韓愈這樣説：

無貴無賤，無長無少，道之所存，師之所存也。

意思是説，任何人只要有才能，不管年紀大小，地位高低，都可以成爲他人的老師。孔子才學豐富，但他還是虚心向他人求學問，説：「三人行，必有我師。」

一日爲師，終身爲父

民間有一句俗語，叫做:「一日爲師，終身爲父。」意思是説，只要别人做了你一天的老師，你就應該像對父輩一樣尊敬他們，可知老師地位的重要。

據説毛澤東很尊重他的老師徐特立，每年徐特立老人生辰時，哪怕工作再忙，他都會送上祝賀。1949年，毛澤東成爲中華人民共和國的主席。有一天，他邀請徐特立老人吃飯。宴席開始前，徐老説道:「你已經是主席,上席應該由你坐。」毛澤東立刻回應:「不可以的。所謂『一日爲師，終身爲父』，上席應由您坐。」後來，毛澤東擔心徐老著涼，便脱下自己的大衣,披在老師身上,以表示對老師的關心和尊敬。

日記一則表心聲

在香港，9月10日定爲「敬師日」，旨在提醒学生及社會人士對老師的尊重。作爲一個學生，我們又應如何表達對老師的敬意呢？方法有很多，例如電話問候，致送心意卡，尤其是上課專心聽講，努力爭取好成績，這些都是向老師表示敬意的方法，也都是我們力所能及的。又如，下面一則日記，也是表達尊師重道的好例子。

學生致送心意卡給老師

日期: 11-26　　天氣: 晴

春風亭，位於八仙嶺郊野公園内的八仙嶺自然教育徑第二站，該亭背靠八仙嶺連峰，面向著船灣淡水湖，視野廣闊，景色佳絶。

從老師的講解中，我認識到春風亭背後隱藏著一個動人的故事。1996年2月，香港中國婦女會馮堯敬紀念中學舉行攀山遠足活動，師生在登上八仙嶺仙姑峰途中，不幸遇上山火。當時，老師們爲了協助學生逃離險境，奮不顧身。最後，有兩位老師因爲走避不及，失去了寶貴的生命。老師説，政府爲了紀念兩位老師的高風亮節，便於這裏建亭立碑，以作表彰。

我看著刻在木牌上的「春風亭」三個字，不禁黯然神傷，同時亦對老師肅然起敬，因爲他們平日不僅盡心盡力地教導學生，還要處理煩瑣的校務，工作十分辛勞。

俗語説：「十年樹木，百年樹人。」老師爲了培育學生，確是竭盡心力，我們身爲學生，應該好好尊敬老師，感謝師恩，發揚中國傳統「尊師重道」的美德。

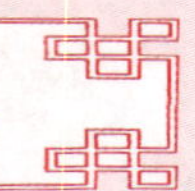

講究謙稱和尊稱

想一想

1. 你知道「令尊」和「令媛」是甚麼爲意思嗎?
2. 試舉出一個謙稱和尊稱的例子。

坦腹東床

古人在人際交往中，會使用敬稱的方式來稱呼對方。例如：稱對方的女婿爲令婿、令坦、令東床。令，有美善的意思。那麽，爲甚麽女婿又以「坦」、「東床」代稱呢?

王羲之坦腹躺在東廂床上

東晉時，有一個人名叫郗鑑，官至太尉，地位顯赫。有一年，他想爲女兒尋找一門好親事，聽説王家子弟出類拔萃，便派門人去觀察。不久，門人回來報告説：「王家的子弟都儀表不凡，聽説大人要挑選女婿，每個人都謹言慎行。只有一個人躺在東廂床上坦胸露腹地吃東西，好像不知道有這回事一樣。」郗鑑聽後説：「這就是我要找的佳婿。」就把女兒嫁給了他。後來一打聽，才知道坦腹而食的人名叫王羲之。此後，人們便把「東床」、「坦」作爲他人女婿的美稱，以表示讚美之意。

尊稱對方

所謂敬稱，多帶有敬重、敬仰、頌揚的感情色彩。例如：「父母親大人膝下」、「某某仁兄閣下」、「某某君」、「閣下」、「大人」、「仁兄」、「君」等都是敬稱、尊稱。尊稱對方，除了作爲禮貌的表現之外，還能夠給人莊重的感覺，表現出一個人的文化修養。

「子」是古代對有學問、有德行的男子的尊稱，類似於今天「先

生」之意，如：孔子、孟子、老子、韓非子、莊子、朱子等。對師長、老人、有道德的人還可以敬稱爲「先生」，這種用法流傳至今。古人尊稱對方時，還往往加上「台」字，如稱「兄台」；同姓之人則互稱「宗台」等。此外，稱呼對方親屬時，則使用「令」、「尊」、「賢」等敬重之稱，如稱對方父母親爲「令尊」、「令翁」、「令堂」、「尊父」、「尊堂」等；稱對方妻子爲「令妻」、「尊夫人」、「令正」等；稱對方的兒子爲「令郎」、「令子」，女兒爲「令嬡」、「令媛」。

學生向老師行禮

由於自己身分的不同，以及表示尊敬的對象不同，需要用不同的敬稱，中國古代在這方面是非常講究的。中國在世界上被尊爲「禮儀之邦」，與得體地使用這些敬稱密不可分。

自我謙稱

古人在別人面前稱呼自己或親屬時，同樣也非常講究使用謙稱，以表示自己謙遜有禮。古人常用的謙稱有「愚」、「鄙」、「卑」、「小」等。這些詞語都含有愚笨、才疏學淺的意思，如自稱爲「愚兄」、「鄙人」、「在下」、「晚生」；稱自己的著作爲「拙著」、「拙文」等；談論自己的觀點爲「愚見」、「愚意」等。老人自謙時，常用「老朽」、「老拙」、「老夫」、「老身」等，以謙指自己年老無用。即使是皇帝，也常以謙詞自稱，如「孤家」、「寡人」等，意指自己是不高明的人。

古人在交談、通信或見面介紹時，提到自己的兒女，常常加上「小」、「賤」、「頑」等字，如「小兒」、「頑子」、「小女」、「犬子」、「犬兒」等。如果在別人面前稱呼比自己輩分高或年長的家人，則會使用「家」字，如「家母」、「家父」、「家兄」、「家嫂」等；稱呼比自己輩分低或年幼的家人，則冠以「舍」字，如「舍弟」、「舍妹」、「舍侄」等。

古時候，有關謙稱和尊稱的稱謂不勝枚舉，古人以此作爲交往中的一種禮節，視爲禮貌之舉。其中，有不少稱謂仍沿用至今。我們應該好好地學習這些稱謂禮儀，繼承中國「禮儀之邦」的優良傳統。

舉手投足有規範

1. 你聽説過「先敬羅衣後敬人」這句話嗎?
2. 古人提出的「坐如鐘, 立如松, 行如風, 卧如弓」是甚麼意思呢?

注重服飾禮儀

古人是非常注重服飾禮儀的，成年男子出門衣冠不整會被視爲無禮之舉。你聽説過這樣一個故事嗎?

南齊，劉瓛與弟弟劉璡一起居住。有一天晚上，劉瓛想跟弟弟聊天，便叫了一聲:「弟弟，你睡覺了没有?」他没聽見應答，以爲弟弟睡著了。可是，過了半晌，卻傳來弟弟的回答。劉瓛感到奇怪，問道:「你爲甚麼這麼晚才回答呢?」劉璡回答説:「我聽到哥哥的呼喚，便馬上起來穿衣束冠，只因帶子没有繫好，人没站立，才不敢回答，請哥哥原諒。」劉瓛聽説後，很高興地説:「太好了，弟弟真是一個有修養的人。」

俗語説:「人要衣裝，佛要金裝。」可見衣冠服飾是很重要的，它是個人修養的表現。所謂「先敬羅衣後敬人」，道理也就在此。我們出席任何公衆場合，要穿著適合的服飾，這看似微不足道的事情，卻包含着基本的禮儀及一個人的修養。

講究坐立行臥姿勢

俗語説:「站要有站相，坐要有坐相。」與古人提倡的「坐如鐘，立如松，行如風，臥如弓」是一脈相承的，指出一個人在社交禮儀中的各種身體姿勢和細微動作，都是不可以掉以輕心的。那麼，在日常生活中，又有哪些舉止行爲是需要加以注意的呢?

先説站姿，古人説「立如松」，就是要求站立時要正直，兩臂和手在身體兩側自然下垂。如果站立時身體東倒西歪，或者雙手叉腰，都會被視爲無禮之舉。

其次，我們要留意「坐要有坐相」，時下不少人喜歡雙腿交疊或者晃腿搖足，這是缺乏教養的不雅坐姿。所謂「坐如鐘」，就是説坐姿要端正，面對別人時，上身應正直而稍向前傾，頭平正，兩臂自然下垂，兩手置於腿上，雙腳著地。

正確的坐姿

「行如風」是強調行走時，身體直立，平視前方，步履適中而輕鬆，且大致走在一條直線上。在公共場合，走得過快或過慢都會妨礙別人。多人結伴時，更不應該排成橫隊行走，以免影響他人。

有關睡姿方面，古人認爲側臥如弓爲佳。由於這是涉及個人的習慣，所以也没有太多的要求。

非語言交流

古人對儀表及舉止行爲如此重視，只因外表整潔及舉止有禮是個人修養的體現，是尊重他人的表現。古人談進德修身，兼顧內外，這是很值得我們借鑑的。

今天，有人稱這些禮儀爲「無聲語言」、「非語言交流」，很有道理。在嚴肅的場合，哪怕是修剪指甲、梳理頭髮、大聲咳嗽等，都是不適宜的。

周恩來總理曾經以大鏡上的鏡銘作爲自己的行爲準則，警戒自己：

> 面必淨，髮必理，衣必整，紐必結。
> 頭容正，肩容平，胸容寬，背容直。

這些表面看來瑣碎的個人儀表和舉止的基本要求，很容易被人忽略。其實，它時時刻刻都在展現我們的修養，因此我們要從小就開始注意，並養成一種良好的習慣。

男婚女嫁重禮儀

想一想

1. 中國傳統婚姻强調「父母之命，媒妁之言」，你知道這是甚麼意思嗎？
2. 中國有一套完整的婚姻禮儀，稱爲「六禮」。你聽説過嗎？

明媒正娶

中國古代很重視明媒正娶的婚姻形式，提倡有「父母之命，媒妁之言」才符合禮儀。

春秋戰國時期，燕國攻打齊國，齊國太子法章落荒而逃，改姓易名，在莒城太史敫（音皎）家中當傭工。當時，太史敫的女兒，見法章相貌舉止不凡，芳心暗許，兩人便私下訂立婚約。不久，齊國大臣發現太子的下落，擁戴他登基就位，是爲齊襄王。齊襄王即位後，立刻派鼓樂儀仗迎娶太史敫的女兒爲王后。當太史敫得知女兒私下與人訂下婚約時，勃然大怒，責罵説：「女子没有媒妁，自己作主嫁人，這真是太失禮了。」從此與女兒斷絕關係。

從上述故事中，可知媒人在中國古代婚姻禮儀中，擔任著很重要的角色。所謂「男女無媒不交」，成爲了男婚女嫁的規範。

婚儀六禮

自周代起，中國就有一套完整的婚姻禮儀，稱爲「六禮」，即：納采、問名、納吉、納徵、請期、親迎。

（一）納采：指男家請媒人到女家正式求婚，得到女方家長應允後，再送上禮物，如雁、鴛鴦、魚、鹿、棉絮、鴨等，它們都有吉祥的象徵意義。

（二）問名：俗稱「討八字」，即男方請媒人到女家詢問女方名字、出生日期、籍貫等，以便回來後占卜婚姻的吉凶。

（三）納吉：男方得知女子之名，即在祖廟占卜，預測婚姻是否吉祥。獲得吉兆後，就派人到女家報喜，叫做納吉，婚約正式確定。

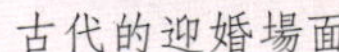
古代的迎婚場面

新娘向長輩敬茶

（四）納徵：指男家向女方呈送禮金、禮餅、禮物等，也就是現今所說的「聘金」、「過大禮」或「大定」。納徵在婚禮程序中，意義重大，它標誌著婚約已經完全成立。

（五）請期：即男家選擇好合婚的吉日後，派人告知女方以徵得其同意。

（六）親迎：是指新郎親往女家迎娶新娘，這是婚禮中最隆重的儀式。

上述六禮，古代主要是在貴族士大夫階層中實行，一般百姓往往有所精簡變通。但是，這六禮卻成爲後代婚姻禮儀的基礎，其主要禮節一直沿用至今，例如「過大禮」、「擇日」、「迎親」、「三朝回門」等。

吉祥禮俗

「吉祥」是婚姻文化的內涵之一，這在一般的婚禮儀節中常可看到。其中，「上頭」是一個較爲常見的婚禮儀節。男女在舉行婚禮時，擇定良辰，儀式須由「好命公」和「好命婆」主持，並準備尺、鏡及剪刀，即所謂「龍頭鏡、較剪尺」，取其光明繼後意思。「好命公」和「好命婆」替新人梳頭，一面梳，一面說：

> 一梳梳到尾，二梳梳到白髮齊眉，三梳梳到兒孫滿地。

上頭儀式完成後，象徵一對新人已步入一個新階段，並祝福他們同偕白首。

「各處鄉情各鄉例」。各地民風民俗不同，各有不同的婚嫁禮儀；可是，它們都有一個共同點，就是祈求男女雙方能長長久久永結同心。

香港是一個中西文化薈萃的地方。不少人舉行婚禮，既穿裙褂，也穿婚紗，將中國和西方的結婚儀式融會貫通，創出獨特的色彩。

見面禮中有學問

想一想

1. 你知道「跪拜」與「拱手」的分別嗎?
2. 你認爲怎樣與別人握手才是正確的?

酈生見劉邦,長揖不拜

據説秦朝末年,有一次,劉邦路過陳留縣,在當地招賢納士。可是,當名士酈生到達劉邦居住的館舍時,卻看見他正坐在床上,讓兩位女子爲他洗腳。按禮儀,酈生見劉邦當行跪拜禮,但由於他在見客時洗足,所以酈生便只行長揖之禮,並且生氣地説:「你想招攬賢能之士,就不應該如此倨傲無禮!」劉邦聽説後,深感後悔,立刻停止清洗,並穿著整齊的衣服,向酈生道歉。

劉邦以傲慢的態度接見酈生

古人講求在不同的場合中,面對不同的人,應施以不同的禮節,以恰如其分地表達相互間的身份與情誼。上述的故事,讓我們知道「拜禮」與「揖禮」是有輕重之別的。

名目繁多,尊卑有別

「拜禮」、「揖禮」和「拱手」是古時常見的見面禮節,其中表現出濃厚的尊卑等級色彩。

拜禮:指兩手在胸前拱合,頭向前俯,額觸雙手再彎腰的動作;後來亦指屈膝叩頭,是表示特別崇敬和莊重的禮節。跪拜在不同場所和不同對象的面前,要求姿態也有所區別,如臣子在朝堂上跪拜君主,子女在家中跪拜父母,拜禮是不同的。

揖禮:是雙手合抱向下按,同時低頭,上身略向前屈,是賓主相見的禮節。揖的禮儀種類很多，其中用於對地位尊貴的人，叫「長揖」，即先拱手高舉，然後由上而下，上身隨之向前傾斜彎下。

拱手：是雙手抱拳，左手包右手舉到胸前，身體直立而不前俯，所表達的禮意也最輕。遇見陌生人需要打招呼，都用此禮；尊者向卑者還禮，一般也拱手而已。

由於傳統社會特別注重等級區分，見面禮節也有不同的名目，極爲煩瑣。

見面握手，時代風行

古人三跪九叩的繁文縟節，已不合時宜；而從古禮演化而來的鞠躬、點頭、握手，成爲今天許多公共場合的禮節。如向長者、尊者行鞠躬禮儀，對人行欠身或彎腰禮儀，向親友打招呼的點頭禮儀等，都是屬於禮貌行爲。

胡錦濤與連戰雙手緊握

特別值得一提的是，在今日社會，握手是一種最普遍的交際禮節，幾乎已成爲世界各國人民通用的見面禮和告別禮。親友見面總要握手，初次相識的人也要握手。千萬別小看握手禮儀，當中也很有學問。正確的握手方法是：女士要主動向男士先伸出手，晚輩要主動向長者先伸出手；對陌生的客人，握手的力度要適中，過重、過輕都不合禮儀。伸出手掌握住對方時，眼睛看著對方，臉上流露出誠懇、親切的表情，使對方感受到你的真誠。

大家有沒有從傳媒上看到，中共中央總書記胡錦濤與中國國民黨主席連戰握手時的姿勢神情？2005 年 4 月，連戰應胡錦濤之邀，率領國民黨大陸訪問團，展開「兩岸和平之旅」。兩人在人民大會堂見面時，雙手久久緊握，面露笑容，互致問候。這是中國共產黨與中國國民黨最高領導人相隔六十年（1945–2005）後的真誠一握。

古往今來，不同時代有不同的見面禮儀。我們在施行禮節時，最重要的是以真誠的態度，互相尊重，就已經是最好的「禮」了。

與人交談有文章

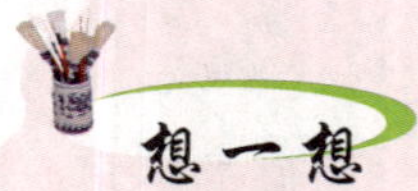

想一想

1. 你認爲與別人交談時，要注意甚麽禮儀呢？
2. 試説出三個禮貌用語。

真誠有禮

古人説：「言爲心聲。」語言是個人修養的體現，因而我們要培養良好的交談禮儀，以真誠有禮的態度與人溝通。看一看下面的故事，就會明白箇中道理。

宋代的時候，蘇東坡初到杭州爲官。有一天，他來到一所寺廟遊覽。寺廟住持與蘇東坡素未謀面，只當作一般客人款待，説道：「坐」，又對小和尚道：「茶」。寒暄過後，住持見來者談吐不凡，就改口説：「請坐。」並呼喚小和尚：「敬茶。」後來，住持知道來者是鼎鼎大名的蘇東坡，便情不自禁地起身敬禮，高聲招呼：「請上坐，請上坐！」再次吩咐小和尚：「敬香茶，敬香茶！」臨別時，住持乞字留念，蘇東坡爽快應允，提筆寫了一副對聯：

坐，請坐，請上坐
茶，敬茶，敬香茶

住持看罷，滿臉通紅，尷尬至極，非常羞愧。

心口如一

古諺説：「良言一句三冬暖，惡語傷人六月寒。」正好説明語言在人際關係中的重要作用。與人交談時要講究技巧，注意禮儀，大有文章在。例如，別人説話時要認真傾聽，眼睛平視對方，面帶微笑，有所反應，不可心不在焉，或左顧右盼，也不要隨意打斷別人的言談，否則對方會認爲這是你對他的有意輕慢，是十分失禮的行爲。又如：當你向別人表示祝賀時，若嘴上説得十分動聽，但

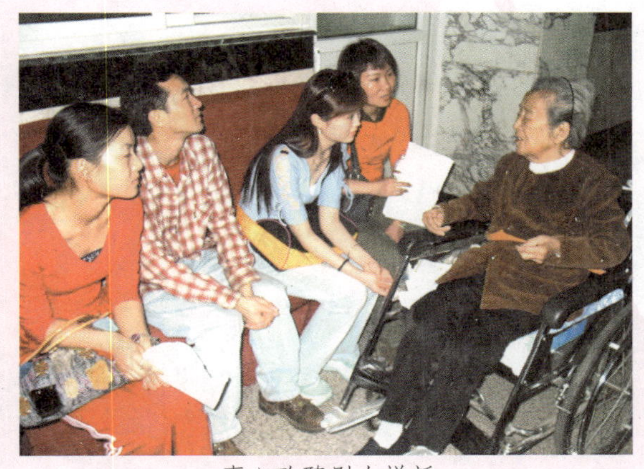
專心聆聽別人説話

眼神卻冷冰冰或神態顯得不尊重，對方就會認爲你只是在敷衍他。

同樣，對人説話時，態度要自然大方，聲調適中，語言簡潔清晰。説話時可加進一些手勢，但動作要適度，千萬不要手舞足蹈或用手指著對方。此外，説話時要注意觀察對方的反應，如果對方顯得不耐煩或不感興趣，就要適可而止或改變話題。

總之，在交談時自己要謙遜一些，對別人多一點尊重，根據不同的場合、不同的對象，採用恰如其分的交談禮儀。

禮貌用語

要建立一個良好的溝通關係，除了要注意交談禮儀外，一些基本的禮貌用語也很重要。在日常生活中，最常用的是:「請」、「你好」、「謝謝」、「對不起」、「再見」，一共十個字，所以又被稱爲「十字」禮貌用語。例如，因爲個人的言行給別人帶來不便或造成傷害，就應該及時向對方道歉，説聲「對不起」、「打擾了」或「請你原諒」、「請多多包涵」、「很抱歉」、「不好意思」等等。

互相問候是建立人與人交往的基礎，使用問候語，要根據不同對象、時間和場合。比方説，與人初次見面，説「你好」、「久聞大名」、「久仰久仰」、「早上好」、「中午好」等。此外，由於中西文化不同，要謹慎使用問候語。東方人常會善意地問候:「最近身體好嗎？」但西方人認爲這樣問會招致疾病和事故，是不吉祥的。如果這樣問他們，他們會禮貌地回答「謝謝」或「你看呢」來敷衍。

恰當的交談禮儀和禮貌用語，可以打開人與人溝通的渠道，建立良好的人際關係。

公共場所多禮讓

1. 如果在公共場所與別人發生摩擦，你會如何處理呢？
2. 乘坐公共汽車要遵守甚麼禮儀呢？

尊重和體諒

孔子說：「己所不欲，勿施於人。」是希望人們學習互相尊重的禮儀，自己不喜歡的東西，不要強加於別人身上。

明代的時候，蔣用和與于謙同在京城做官，兩家是鄰居。有一年，蔣家生了一個男孩，決定宴請親朋好友慶祝一番。可是，宴客那天，于謙的母親因急病去世。蔣用和得知後，立刻下令僕人，通知客人宴會改期。僕人爲難地說：「老爺，不少客人已經在途中，來不及通知，怎麼辦？」蔣用和堅持要延期舉行宴會，回應說：「鄰家有喪事，我們不能去幫忙，反而在這裏舉辦喜慶宴席，就算是客人也食不下咽吧！」

蔣用和與鄰居相處，懂得互相尊重和體諒，很值得後人學習。古諺說：「遠親不如近鄰。」日常生活中，我們要與鄰居守望相助。因此，相處的禮儀，很值得講究，如見了面要主動打招呼，臉帶笑容；在深夜時，切忌發出噪音，影響到人家的休息等。遵守這些禮儀，有助建立良好的鄰里關係。

禮讓及包容

在不同的公共場所，我們要遵守各種禮儀規範，共同維護社會的秩序。可是，人與人相處，難免會發生摩擦和衝突。那麼，我們應該怎麼辦呢？看看以下的故事，也許可以作爲借鏡。

春秋戰國的時候，楚國與吳國交界處種植著一片桑樹，兩國養蠶的百姓都在此採桑。有一年，兩國的採桑姑娘因一件小事而爭吵起來，互不相讓，甚至扭打起來，造成不少死傷。兩國邊邑長官得知此事後，十分氣憤，決定發兵攻打對方。不久，楚兵佔領了吳國的邊邑，大肆殺戮。吳王聞訊後大怒，起兵伐楚，攻佔楚國兩個縣。從此，吳、楚兩國戰火不斷，生靈塗炭。

這個故事說明，爭吵並不能解決問題，反而會令問題越來越糟糕。因此，當我們在公共場所與別人發生摩擦時，應該以禮讓和包容的態度來處理，這樣就能避免很多無謂的紛爭。俗語說：「凡事讓人一步，自有餘地。」是爲金玉良言。

和諧與融洽

公共場所，是人們互相交往的地方，有許多值得注意的禮儀。例如乘坐公共汽車時，應該排隊依次上車，不可亂擠亂撞。車廂擁擠時，應該主動給老弱病殘和懷抱嬰兒的乘客讓座；萬一與別人碰撞，應主動道歉，不要惡語相向或互相白眼。有的乘客在車廂內大聲喧嘩、吃東西或者佔座位睡覺，這都是很不禮貌的行爲。

排隊守秩序

又如乘坐升降機時，不要爭先恐後，應依次進出。如果發現超載，電梯口的人應該主動退出，等候一下。在電梯裏不要大聲說話，也不要直視別人。出電梯時，如果別人在前面擋路，要客氣地說「請讓一讓」，而不要用手推開別人。

車廂内不准吃東西

遵守公共場所的禮儀，互相尊重，互相禮讓，這與社會的和諧融洽息息相關。

單元八

工藝服飾

青銅藝術燦古爍今

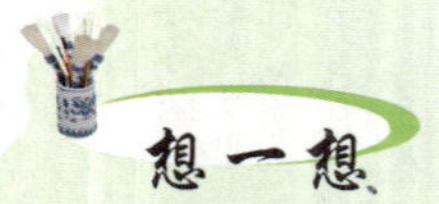

1. 你知道「一言九鼎」、「問鼎中原」中的「鼎」字指甚麼嗎？
2. 爲甚麼考古學家會説「地不愛寶」呢？

楚莊王「問鼎中原」

在中國文物的寶藏中，種類繁多的青銅器是一顆耀眼奪目的明珠。而在眾多銅器之中，最具名氣的要數「九鼎」。

據史書記載，春秋時代的楚莊王，有一次率領大軍路過東周的都城洛邑(今河南洛陽)，耀武揚威。周定王派足智多謀的王孫滿前去慰勞，楚莊王向王孫滿詢問「九鼎」的輕重大小。王孫滿知道楚王是想奪取天下，便義正詞嚴地答道:「你知道如何才可以得到九鼎嗎？最重要的是以『仁德』治理天下，這樣民心自然歸順。」然後，王孫滿從九鼎的起源説起:「當年夏禹分天下爲九州，鑄了九鼎，使鼎成爲國家的象徵。後來，因爲夏桀和商紂的昏庸無道，致使國家滅亡，九鼎也遷移到我們周王這裏。」

楚莊王被王孫滿教訓了一頓，自知理虧，於是便帶兵南回，打消了「問鼎中原」、篡奪周室的野心。

「地不愛寶」待發掘

除了「鼎」外，考古學家在地下還發掘了不少青銅器。爲甚麼古人總是喜歡將寶物埋藏在地底下呢？

秦代彩繪銅車馬

原來，中國古代的青銅器，主要出土於古人的墓葬。墓中的銅器物，有的是墓主人生前使用的用具，有的是祭祀的禮物，也有些是專爲隨葬而製造的器具。

還有一些青銅是出土自窖藏。原來，在戰爭動亂的時候，貴族官僚倉皇出走，不得不把珍藏的青銅器埋於地下，準備他日回來挖取。但如果他們最終沒有回來的機會，大批青銅器便長埋地底，形成了青銅器窖藏。

考古學家常說：「地不愛寶。」意思是說大地不吝嗇所蘊藏的珍寶，只要人們敢於探索，終究能發現它們。確實，中國地大物博，地下可能仍然埋藏了不少寶物，等待人們去「尋寶」！

青銅鑄造多姿彩

1986年，考古學家在地下發掘了這件近似車輪的遠古青銅器物，你猜它是甚麼呢？

太陽形器

考古學家稱它爲「太陽形器」，猜測它是太陽神崇拜的象徵物。原來，青銅器在古代是很珍貴的，所以多用於祭祀，表示對自然及鬼神的崇拜。

後來，青銅器被廣泛應用，從炊食器、酒器、兵器、樂器、車馬器、農具、銅鏡到貨幣等，都是用青銅鑄造的。這些青銅器不僅僅爲了實用，造型設計更是變化多端，生動有趣，充滿藝術的想像力。例如：古代有許多動物形狀的酒器，叫做「尊」，它們或像鴨，或像牛，或像犀牛，或像羊，各式各樣，多姿多采。

因爲青銅器不易損壞，所以它的形制、花紋、雕塑、銘刻才能保留至今，形成燦古爍今的「青銅藝術」。

鴨尊

駒尊

陶藝有本色

想一想

1. 爲甚麼人們喜歡用紫砂壺泡茶？
2. 你知道兵馬俑是用甚麼材料塑造的嗎？

宜興紫砂壺

中國江蘇省宜興縣，有「千年陶都」之稱，盛產陶器，人稱「五朵金花」的紫砂、青陶、均陶、彩陶和精陶，享譽海內外。其中，「紫砂茶壺」被稱爲泡茶妙器，古人說：

壺必言宜興陶，較茶①必用宜壺。

紫砂壺泡出來的茶別有風味韻致。自宋迄今，人們都喜歡以紫砂茶壺來泡茶，希望得到色、香、味的享受。

在江南一帶，更流傳著這樣的一個故事：話說有一位泥水匠在蓋房子的時候，把紫砂壺遺忘在天花板裏。數年以後，泥水匠再度翻修房屋的時候，發現當年壺中所泡的茶水仍然香甜如故。泥水匠驚歎說：「紫砂茶壺果然名不虛傳，泡出來的茶真是不餿的，確是陶器中的極品！」

造型獨特的宜興紫砂茶壺

紫砂茶具不僅造型別致多姿，更溶入了中國傳統的繪畫、書法、篆刻等藝術而具有獨特的韻味，使人愛不釋手。

---

①較茶：評茶。

陶塑兵馬俑

由於陶土的可塑性特強，人類憑著創作力，製造出千姿百態的陶器，形成了中國獨特的陶器藝術。其中，秦始皇陵兵馬俑的出土就轟動一時，被譽爲「世界奇跡」。這些陶塑兵馬俑威風凜凜，神態不一，活像秦始皇正在檢閱他的軍隊，威武雄壯，令人歎爲觀止。

秦兵馬俑之馬俑

彩繪唐三彩

自從人們掌握了製陶術後，便嘗試製造各式各樣陶器生活用具，如陶水管、陶井圈、儲藏器、煮食用具、磚瓦等，以提高生活的質素。彩陶是中國陶器文化的特色之一。所謂彩陶，就是在已成型的陶器上，用不同的彩料繪畫，然後再燒製，這樣色彩圖案就不易脫落，如唐三彩就是雕塑藝術和製陶技術相結合的產物，光彩奪目，樣式繁多，蜚聲國際。

唐三彩女立俑

唐三彩馬俑

中華瓷藝享譽世界

想一想

1. 你知道中國爲甚麼叫 China 嗎?
2. 中國瓷器爲甚麼能够馳名海内外呢?

真假觀音

瓷器與陶器，可稱爲「姊妹花」；而瓷藝之花，更是流光溢彩，享譽世界。中國瓷器，歷史悠久，是中華民族藝術結晶的代表之一，絢麗多姿的瓷器吸引了無數人的喜愛。

瓷觀音

話説慈禧太后「垂簾聽政」期間，有一個外國人，名叫巴登，藉傳教之名，四處搜集中國製瓷技術和古代名瓷。有一天，他來到一所大寺廟，看見一尊瓷觀音。巴登不禁眉飛色舞，心想:「這尊觀音的手工精細，釉色晶瑩，如果我可以據爲己有，實在太好了！」於是，巴登拿出錢袋向老僧買瓷觀音，但老僧回答説:「阿彌陀佛，這尊觀音是不賣的。」巴登不甘心，後來乘老僧不察覺的時候，偷走了那尊觀音。

老僧發現不見了觀音像，心裏很著急。正在此時，仿古製瓷名家周丹泉來到這裏，當知道事情的始末後，就安慰老僧説:「我有一條妙計，可以拿回觀音像，别擔心！」幾天之後，周丹泉來到教堂，對巴登説:「我這裏有一尊觀音像，你喜歡嗎？」巴登一看，嚇了一跳，心想:「爲甚麼和我偷回來的觀音一模一樣的？」周丹泉續道:「這一類型的觀音，世上只有這一尊，其他都是仿造的。」説完假意走開。巴登乘機拿出原先偷來的把這觀音換走。事實上，巴登換去的才是仿製的觀音，他上了當而不知。

瓷都景德鎮

相傳巴登偷走的那尊觀音像是出產於景德鎮的。景德鎮是中國著名的瓷器生產基地，被譽爲「瓷都」。

宋代的時候，景德鎮本來的名稱是昌南鎮。到了景德年間，宋真宗下令昌南鎮爲皇宫製造御用的瓷器，瓷器的底款寫著「景德年製」四字。自此，一傳十，十傳百，昌南鎮的瓷器名傳天下，人們也改稱此鎮爲「景德鎮」，名稱一直延用至今，已有一千多年的歷史了。景德鎮的瓷器以「白如玉，明如鏡，薄如紙，聲如磬」馳名海内外。

明代景德鎮窑青花山茶紋扁壺

明代景德鎮窑黄釉紅彩雲龍紋罐

創意出新

你知道中國爲甚麽叫 China 嗎？其實 china 原來的意思是指「瓷器」。中國的瓷器製品傳遍歐亞大陸，名聞世界。於是，China 成爲代表「中國」的英譯專名。那麽，你知道爲甚麽中國的瓷器可以無懼時間的灰塵，歷久常新嗎？曾經有一名瓷器工匠這樣説：

中國名瓷今勝昔，秘圖釉彩變新顔。

意思是説：中國歷代的瓷器除了繼承傳統的技術外，更能夠在技巧、釉色、造型各方面加入新元素，呈現出氣象萬千、推陳出新的景象。例如景德鎮生産的薄胎瓷，薄如蟬翼，輕如綢紗，表現出極高的創新技巧。

這些創新的意念，讓傳統的工藝走在時代的尖端，溶入現代生活中，帶給人們更多藝術美的享受。

玉不琢，不成器

想一想

1. 你知道中國人爲何對玉器情有獨鍾呢？
2. 你贊同「玉不琢，不成器」的說法嗎？

稀世奇珍和氏璧

春秋戰國時代，楚國人卞和有一天上山砍柴，發現有一隻美麗的鳳凰棲息在一塊青石上。古語說：「鳳凰無寶處不落。」卞和深信這塊青石是絕世珍寶，立即把它獻給楚厲王。厲王派玉匠鑑別真僞，玉匠看了說：「大王，這只是一塊普通的石頭。」厲王認爲卞和欺君，大爲震怒，就砍斷卞和的左腿。

卞和向楚厲王進獻青石

不久，厲王去世，武王繼位，卞和又帶著那塊青石，拄著拐杖去拜見武王。可是，武王的玉匠看了，也說：「不是寶石，是石頭。」武王怒氣衝天，下令砍掉卞和的右腿。雖然失去了雙腿，卞和仍堅信自己的判斷是正確的。

後來，武王死了，文王繼位。卞和沒有了雙腿，不能進宮呈獻青石，他傷心地哭了三天三夜，眼淚哭乾了，流出來的全是血。一傳十，十傳百，卞和的故事很快就傳遍了全國。文王聽說後，派專人把卞和接進宮中，吩咐玉匠小心鑑定和琢磨這塊青石。不久，傳來玉匠的聲音：「大王，太好了，這真是一塊稀世寶玉啊！」文王爲卞和的忠誠和堅定感動了，便把寶玉命名爲「和氏璧」。

中國民間流傳了不少有關「和氏璧」的故事，如「完璧歸趙」、「始皇玉璽」等。一件玉器竟然帶出如此引人入勝的傳說，可見人們對「玉」情有獨鍾。

黃金有價玉無價

常聽老人家說：「小孩子最好帶玉，可以『定驚』啊！」原來，中國人相信「玉」是可以避邪納福的，所以中國玉雕工藝中，有不少是圍繞「吉祥」、「長壽」、「幸福」題材的，例如：蝙蝠的「蝠」與「福」是諧音，人們在玉器上雕刻蝙蝠，取「幸福」的意思；「葫蘆」音近「福祿」，也是玉雕中常見的題材。

玉器

另外，古人會將「玉蟬」放入死者口中，那是爲甚麼呢？一般人都知道蟬的壽命雖然很短，可是蟬的幼蟲期卻長達幾年；幼蟲鑽進泥土中，由樹根吸收汁液維生；幾年後，便蛻殼成蟬，在高枝上吟唱。古人害怕死亡，恐怕埋葬後，一切化爲塵土，所以，他們崇拜玉蟬，希望自己也能夠像蟬一樣，重獲新生命。

「玉」寄託了人們對幸福的追求，這種價值是不可比擬的，怪不得民間俗語說:「黃金有價玉無價！」

琢玉成器顯光芒

古書說:「玉，石之美也者。」那麼，一塊石頭怎麼才可以成爲美玉呢？古人說:「玉不琢，不成器。」一塊美玉需要經過琢磨、打造，才能顯現它的光芒，不然，它只是一塊不起眼的石頭。

你希望能夠像美玉一樣受衆人的喜愛嗎？要怎樣才能達到這種美好願望呢？《三字經》上這樣說：「玉不琢，不成器；人不學，不知義。」原來，人就好像美玉一樣，都擁有自身的優點，只要經過不斷的發掘、學習和鍛鍊，每個人都可以成爲社會的棟樑。

印章雕刻獨具一格

想一想

1. 你知道「玉璽」是甚麽嗎？
2. 古代的時候，印章是用甚麽材料製成的？

傳國玉璽象徵皇權

不同款式的古代印章

左邊是幾款中國古代的印章。

印刻的内容和形式多種多樣，其中最珍貴的要數歷代皇帝專用的傳國玉璽了，它是最高權力的象徵。民間流傳了不少有關傳國玉璽的故事，其中有一個是這樣的：

話説王莽篡漢後，改國號爲「新」，他迫使太皇太后交出玉璽，但遭到拒絕。可是，没有傳國玉璽，又怎能説是個真皇帝呢？

於是，王莽委派深得太皇太后歡心的王舜去索取。王舜看見太皇太后後，先裝著非常關心地詢問她的飲食起居情況。過了一會兒，才説：「太皇太后，新朝已經建立了，只欠傳國玉璽……」太皇太后聽到這裏，就怒氣沖沖地説：「原來你不是來問候我，你只是想得到玉璽。我一直待你不薄，讓你得到高官厚祿，你卻恩將仇報……」太皇太后越説越氣憤，忽然舉起玉璽，説：「既然我不能保存漢室，我也不會讓你們得到玉璽。」說時遲，那時快，太皇太后已把玉璽摔在地上。

官印私章名目繁多

「印章」是現代一般的稱謂，有時又稱爲「圖章」。戰國時期，印章稱爲「璽」。到秦始皇統一天下，他規定「璽」字爲皇帝所專用，一般官印和私印只可以稱爲「印」。後來，武則天登位，她認爲「璽」和「死」的音近，不吉祥，便把璽字改稱爲「寶」。此後，直至清朝，「寶」成爲皇帝璽印的專稱，如「天命寶」、「書詔之寶」、「皇帝之寶」、「天子信寶」等。歷朝以來，官員和百姓所用的印章名稱就有印、章、關條、圖記、圖章、戳記、手戳、押、花押等，可以說是五花八門。

皇帝之寶——自唐朝以后，皇帝所用的印章專稱爲「寶」

書法雕刻互相結合

古人用來製造印章的材料有玉、金、銀、石、骨角、瑪瑙、琥珀等，而在歷代傳世的印章裏，可以發現許多不同的書體，其中尤以大篆、小篆及鳥蟲書較爲常見，顯示了中國的印章是書法和雕刻相結合的獨特工藝美術。

那麼，人們會在印章上刻上甚麼字呢？皇帝的印章和官印是有嚴格的規定的，而平民百姓則可以按照個人的喜好去設計印章。例如：古人會刻上「無私」、「敬事」、「思言」等格言，用來約束言行和自我警惕，或者刻上青龍、白虎、魚、羊、鹿等，象徵祥瑞。今天，除了傳統的印章外，很多青少年都喜歡設計表現個人風格的印章，如以卡通人物或者個人肖像爲題材，款式多樣。

隨著社會的發展，在日常生活和交往過程中，「簽名」已經基本上代替了印章的實用價值。不過，從藝術角度來說，印章始終有它難以替代的審美價值，例如在書畫題款之下，加上一方古雅的印章，會頓然生色不少。

「繡」出新姿彩

想一想

1. 你知道「以針作畫」是甚麼意思嗎？
2. 我們可以怎樣保存傳統的刺繡工藝呢？

「繡」出心思

古代的社會，男耕女織，女孩子從幼年起，便要學習針線、紡織、刺繡、縫紉的技巧。其中，刺繡是利用各種色線在紡織品或其他物品上，以不同的方法繡出各種圖案。後來，刺繡成爲衡量女孩子心靈手巧的一個標準，女子要繡出各種生動逼真、絢麗多姿的花紋，才堪稱「大家閨秀」。

有時候，女子更可以利用刺繡傳情達意，中國各地的民歌中，就流傳著一種小調叫《繡荷包》：

初一到十五，十五的月兒高，
平地裏颳春風，擺動了楊柳梢，
鏡子裏桃花開，情人捎書來，
白紙上寫黑字，要一個荷包袋。

一繡紅牡丹，針兒亮閃閃，
穿一根絲線，把我的郎心拴。

二繡出水蓮，紅線配綠線，
蓮心苦，藕節甜，蓮繫拉不斷。

明月照窗前，相思不能眠，
哥哥你見荷包，早早地把家還。

意思是說：一個女孩子用不同顏色的線，在荷包上繡出牡丹和水蓮，作爲愛情的信物，送給心儀的對象，表達愛慕之意。

「繡」出江山

蘇繡代表作——雙面繡《貓》

刺繡是中國民間傳統的工藝之一，約有三千年歷史；各地的刺繡都具有不同的特色，蘇繡、湘繡、粵繡和蜀繡被譽爲中國「四大名繡」。當中，蘇繡以五彩繽紛、繡工精細、圖案秀麗的特點，有「東方明珠」的美譽。

雙面繡《貓》是蘇繡的代表作之一。藝匠將一根頭髮粗細的繡花線分成二分之一，以至十二分之一、四十八分之一的細線繡，並將千萬個線頭、線結藏得無影無蹤。無論從正面或反面都可以看到小貓調皮活潑的神態。其中，最難的是貓的一對眼睛，藝匠用了二十多種顏色的絲線，才把貓眼睛繡得炯炯有神。

從明代開始，蘇州藝匠更結合書畫藝術，把山水風光繡得維肖維妙，墨韻味淋漓盡致，贏得「以針作畫」的美喻。

「繡」出新風

除了「四大名繡」外，中國還有很多獨特的刺繡藝術，如髮繡，就是挑選少女的頭髮做繡線，繡出一幅幅淡雅不褪色的佳作。從這裏，可見中國刺繡的取材不拘一格，變化多端。

隨著社會的發展，不少傳統工藝都被人遺忘或者淘汰了，爲甚麼中國的刺繡仍然可以揚威海外呢？這是因爲人們能夠不斷開拓，推陳出新，爲傳統刺繡添上新元素。例如：現代的刺繡結合了西方藝術的元素，創造新風格，繡出新面貌，讓人耳目一新。

此外，人們更把中國傳統工藝結合現代生活的設計，開發一系列生活用品，如鞋子、眼鏡袋、文書套、服飾以及各式各樣的家居陳列品。這就使得傳統的刺繡工藝，添上新的姿彩。

各式各樣的刺繡藝術品

「剪」出美好願景

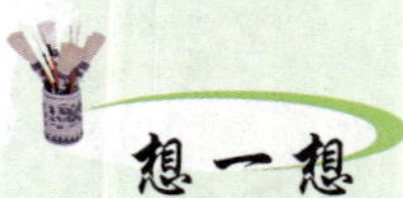

想一想

1. 中國傳統的剪紙藝術有甚麼特色？
2. 怎樣才可以成爲一個出色的剪紙藝術家？

「剪」出深意

剪紙是中國最爲流行的民間藝術之一，題材豐富。猜一猜，右圖的剪紙有甚麼寓意？

上圖的剪紙寓意是：「塞翁失馬，焉知非福？」表示禍福相倚，蘊含着生活的哲理。

中國剪紙藝術與民俗風情、四季節令有密切的關係。端午節的時候，北方很多地方都會在門户貼上葫蘆，那是甚麼原因呢？

相傳八仙之一的吕洞賓，有一年扮作賣油郎到村中賣油，任人自取油自付錢。結果，很多人都是多打油少付錢，有一個少年也是這樣做。可是，他回家後卻被母親責備：「孩子，做人不可以貪便宜，快把多取的油退回去。」少年依照母親的吩咐退回多取的油，並向吕洞賓道歉。吕洞賓很感動，對少年説：「你真是個好孩子，我告訴你一件事，五月初一將有天災發生，你要謹記在門上掛上葫蘆。」少年回家後，又把這個消息轉告别人。五月初一，果然發生了一場洪水，淹没了很多房屋，而掛葫蘆的人家卻安然無恙。從此，五月初一掛葫蘆便成爲了習俗。後來，人們以紙剪成的葫蘆代替真葫蘆。

此外，在中秋節的時候，百姓會剪嫦娥、兔子、月亮的圖案，象徵團圓。在重陽節，人們會剪重陽旗，寓意步步高升。

「剪」出吉祥

剪紙藝術源於民間，百姓很多時候都會把自己的願望，運用剪紙的技巧表達出來。這類圖案多姿多采，構思非常巧妙。

百姓會賦予不同的動物或花鳥魚蟲一種吉祥的意思，如牡丹比喻富貴，龍鳳比喻瑞祥，石榴比喻多子多福，公雞配冠花比喻「官上加官」，百合荷花比喻「和合如意」等。

想一想，右邊的剪紙圖案代表甚麼意思？

除了捕捉動物和植物的意象外，百姓也會把漢字與剪紙藝術結合起來，更直接地表達了祈求吉祥的願望。其中，最常見的有「囍」字祝賀新婚夫婦，「福」字寓意幸福，「壽」字寓意壽比南山，「祿」字寓意官運亨通等。

這些把自然景物和文字組成寓意深長的吉祥圖案，體現了人民的智慧和想像力。

「剪」出情趣

中國的剪紙藝術，透過巧妙的構思、細緻的技巧，剪出千變萬化的圖案，爲生活增添不少的情趣。你認爲具備甚麼條件，才可以成爲一個出色的剪紙藝術家？一位剪紙老藝人曾經這樣説：「剪紙求精之道無他，定、靜、安、慮、得是也。」意思是説剪紙的時候，首先要定神，神定則意凝；其次是靜心，心靜則氣平；再次是安坐，持剪審圖；然後是「慮」，深思熟慮，應該由何處下剪；最後是「得」，小心謹慎剪作，才可以得出佳作。

原來，要剪出栩栩如生的圖案，需要注入不少的心思。同樣道理，我們要在學業、運動、音樂、繪畫等各個方面取得佳績，最重要的也是要認真、投入，培養「定、靜、安、慮」的情操，自然能夠不斷進步。

民族服飾與時俱進

1. 你知道孫中山先生和「中山裝」有甚麼關係嗎?
2. 怎樣的穿著才算得體?

中山裝大方又美觀

看一看，圖中的人物穿著甚麼服裝？

他所穿的是富有中國民族特色的「中山裝」。你知道爲甚麼稱爲「中山裝」嗎？

穿著中山裝的孫中山先生

1911 年的辛亥革命，推翻了清朝帝制，激起民間「剪掉辮髮，更換服飾」的訴求。孫中山和革命黨人也展開討論，有人主張穿長袍馬褂，孫中山不贊同，認爲這樣的裝束煩瑣，也不符合「反清」的主張；有人提出穿西服，孫中山聽後，哈哈大笑，説道：「這麼一來豈不是抵制國貨了？」

最後，孫中山建議以當時流行的「學生裝」爲基礎，稍作修改。於是，他找曾當過服裝設計師的革命黨人黄隆生，替他裁製了一種他親自設計的新式上裝。孫中山參考南洋華僑工人流行的服裝，把學生裝的狹直領改爲小翻領，又在右側胸前加上一個袋，口袋增爲四個，並把兩個下袋改爲大明袋，以便裝放書本，隨處閱覽。這種服裝外形對稱、大方、美觀，深得國人的喜愛。在孫中山倡導下，掀起穿「中山裝」的熱潮，成爲當時中國的「國服」。後來，人們爲紀念孫中山，就稱這款服裝爲「中山裝」。

旗袍顯示女性體態美

中國是由56個民族組成的，各民族的服飾，風格迥然不同，但是經過不斷的交流和融會，爲中華文化創下獨特燦爛的服飾文化。

穿著旗袍的女子

例如清代以來婦女的旗袍，本來是滿族婦女的傳統服飾，因滿族入關前曾以八旗建制，後被稱爲旗人，他們的袍服被稱爲旗袍。這種袍式，特點是寬大、平直。

後來，受到漢族服式和歐美服裝的影響，款式幾經變化，如領子的高低、袖子的長短、開衩的高矮，使旗袍徹底擺脫了老式樣，讓女性體態和曲線美充分顯示出來，成爲中國獨特的民族女裝，風靡海內外。

穿著之道貴在得體

香港作爲國際大都會，人們會緊貼世界先進國家的時尚潮流，特別是青少年，在服飾上花費不少的金錢和心思，希望衣著穿戴「入時」，爲生活帶來繽紛色彩。

其實，我們在建立個人形象的時候，也要注意「穿著之道」。孔子曾經這樣説:「見人不可以不飾。不飾無貌，無貌不敬，不敬無禮，無禮不立。」我們在不同的場合，穿著合適的服飾，這是個人修養的表現。上學的時候，我們應該穿著整齊的校服，打扮潔淨，這樣是尊重學校、老師和同學的表現。上班的時候，我們應該按照工作的性質而穿著不同的衣服，這是與人相處的一種基本禮貌。

俗語説:「人靠衣裝，佛靠金裝。」我們在跟隨潮流的時候，也要注意穿著之道，這樣才可以得到別人的尊重。

附錄
初中中國語文科
中華文化學習大綱

初中中國語文科
中華文化學習大綱

本大綱參照香港初中「中國語文科課程綱要」及有關文獻，初步訂定24個範疇，所選知識點以學生爲本，以適切性爲原則，深淺度力求符合初中的程度。表列如下：

單元名稱			
1. 神話故事	2. 民間傳説	3. 社會習俗	4. 傳統節日
5. 河山風貌	6. 名勝古蹟	7. 禮儀情操	8. 工藝服飾
9. 飲食文化	10. 康樂文娱	11. 文學作家	12. 名篇佳作
13. 倫理道德	14. 經濟貿易	15. 交通傳訊	16. 科學技術
17. 藝術欣賞	18. 人文教化	19. 語言文字	20. 修辭語彙
21. 治亂興衰	22. 歷史人物	23. 學術思想	24. 宗教人生

「文學作家」與「名篇佳作」本爲一單元，「治亂興衰」與「歷史人物」亦本爲一單元；考慮到文化篇章的整體結構，故一分爲二。

一、神話故事

(一) 中國神話的特色

(二) 著名的神話

1. 盤古開天闢地
2. 女媧補天
3. 天狗吃月
4. 后羿射日
5. 龍的傳說
6. 精衛填海
7. 月下老人
8. 壽星彭祖
9. 八仙過海
10. 孫悟空大鬧天宮

(三) 古代中國人的想像力

二、民間傳說

(一) 民間傳說的特色

(二) 著名的傳說

1. 孟姜女哭長城
2. 昭君出塞
3. 桃園三結義
4. 木蘭從軍
5. 梁祝化蝶
6. 白蛇傳
7. 包公斷案
8. 楊家將
9. 濟公活佛
10. 天后媽祖

(三) 民間傳說的文化寓意

三、社會習俗

(一) 社會習俗的特色

(二) 重要的時令

1. 二十四節氣
2. 天干地支
3. 十二時辰
4. 十二生肖

(三) 重要的習俗

1. 姓、氏、名、字、號
2. 祭祀與民間信仰
3. 避諱與吉祥觀念
4. 陰陽五行
5. 農耕儀式

(四) 少數民族的風俗習慣

(五) 文化思考：習俗與民族文化

四、傳統節日

(一) 傳統節日的特色

(二) 重要的傳統節日

1. 春節
2. 元宵
3. 清明
4. 端午
5. 七夕

6. 中秋

7. 重陽

8. 冬至

（三）文化思考：節日與民族文化

五、河山風貌

（一）河山風貌的人文特色

（二）河山風貌

1. 黃河

2. 長江

3. 珠江

4. 五岳

5. 黃山

6. 廬山

7. 大明湖

8. 西湖

9. 太湖

10. 桂林山水

（三）欣賞河山風貌的文化內涵

六、名勝古蹟

（一）名勝古蹟的人文特色

（二）名勝古蹟

1. 孔廟

2. 長城

3. 秦陵兵馬俑

4. 明十三陵

5. 岳陽樓、滕王閣、黃鶴樓

6. 故宮

7. 天壇

8. 中山陵

（三）七大古都

（四）歷史文化名城

（五）欣賞名勝古蹟的文化內涵

七、禮儀情操

（一）中華禮儀的文化特色

（二）重要的禮儀

1. 五禮

2. 古代的婚姻

3. 古代的喪葬

4. 見面禮儀

5. 交談禮儀

6. 公共場所禮儀

7. 家庭禮儀

8. 稱謂、謙稱及尊稱

（三）文化思考：禮儀和品德情意

八、工藝服飾

（一）工藝服飾的民族特色

（二）傳統工藝

1. 青銅文化

2. 陶瓷文化

3. 印刻文化

4. 石雕文化

5. 泥塑文化

（三）著名工藝品

1. 玉璽

2. 和氏璧

3. 唐三彩

4. 景德鎮瓷器

5. 景泰藍

6. 石灣陶塑

7. 蘇繡

8. 剪紙藝術

9. 桃花塢年畫

10. 銅車馬

（四）服飾

1. 龍袍、鳳冠

2. 唐裝、中山裝

3. 長袍、馬褂

4. 旗袍

5. 簪、釵、玉佩

（五）少數民族服飾

（六）欣賞工藝、服飾的民族文化特色

九、飲食文化

（一）漢族和少數民族飲食的文化特色

（二）飲食禮儀及器具

（三）特色名菜

（四）茶文化

1. 茶藝

2.「茶聖」

3. 中國名茶

（五）酒文化

1.「酒聖」

2. 中國名酒

（六）文化思考：飲食和民族文化

十、康樂文娛

(一) 傳統康樂文娛的特色

(二) 戲劇

1. 京劇
2. 崑劇
3. 粵劇
4. 梨園戲
5. 木偶戲
6. 皮影戲

(三) 遊藝競技

(四) 古今康樂文娛的變遷

十一、文學作家

(一) 中國文人的特質

(二) 傑出的文學家

1. 曹植
2. 陶淵明
3. 李白
4. 杜甫
5. 白居易
6. 韓愈
7. 李煜
8. 歐陽修
9. 蘇軾
10. 辛棄疾

(三) 文化思考：文人和文化

十二、名篇佳作

(一) 中國文學的特質

(二) 重要的作品

1. 屈原和《離騷》
2. 司馬遷和《史記》
3. 關漢卿和《竇娥冤》
4. 羅貫中和《三國演義》
5. 施耐庵和《水滸傳》
6. 吳承恩和《西遊記》
7. 曹雪芹和《紅樓夢》
8. 魯迅和《阿Q正傳》
9. 巴金和《家》、《春》、《秋》
10. 金庸和武俠小說

(三) 文化思考：文學作品的文化價值

十三、倫理道德

(一) 基本的倫理觀念

(二) 倫理價值

1. 五倫
2. 家庭觀念
3. 宗族關係
4. 慎終追遠
5. 仁義禮智

6. 忠君愛國

7. 尊師重道

8. 仁愛

9. 捨生取義

10. 君子

(三) 文化反思：倫理價值的優點和局限

十四、經濟貿易

(一) 古代經濟的特色

(二) 經濟知識

1. 以農立國

2. 重農輕商

3. 商品貿易

4. 鹽鐵官營

5. 金屬貨幣與紙幣

6. 官營及民間手工業

7. 賦稅徭役

(三) 古代著名商港和商業名城

1. 廣州

2. 泉州

3. 揚州

(四) 文化反思：傳統經濟的偏向和不足

十五、交通傳訊

(一) 古代交通概況

1. 基本建設

2. 傳訊方式

(二) 重要人物和文化交流

1. 張騫

2. 班超

3. 法顯

4. 玄奘

5. 馬可·波羅

6. 鄭和

(三) 文化思考：交通和中華文化的傳播

十六、科學技術

(一) 古代科技發展的特色

(二) 重要發明

1. 數學

2. 天文

3. 曆法

4. 醫藥

5. 四大發明

(三) 重要人物

1. 張衡

2. 蔡倫

3. 華佗

4. 祖沖之

5. 沈括

6. 李時珍

(四) 文化反思：古代科技發展緩慢的文化原因

十七、藝術欣賞

(一) 中國藝術的特質

(二) 書法

1. 文房四寶

2. 傑出的書法家

3. 書體導賞

(三) 繪畫

1. 傑出的畫家

2. 傑出作品導賞

(四) 建築

1. 園林藝術

2. 石窟藝術

(五) 音樂

1. 重要的樂器

2. 重要的作品

(六) 舞蹈

十八、人文教化

(一) 古代教育制度的特色

(二) 教育常識

1. 太學、國子學

2. 書院、私塾

3. 京師大學堂

4. 四書五經

5. 六藝

6. 啓蒙字書

(三) 古代的選士制度

1.「養士」風氣

2. 察舉制度

3. 九品中正制

4. 科舉制度

(四) 重要的教育理念

1. 有教無類

2. 因材施教

3. 不恥下問

4. 循循善誘

5. 學思結合

6. 溫故知新

(五) 文化反思：古代教育的優點和偏向

十九、語言文字

(一) 漢字的產生和演變

(二) 漢字的性質和結構

(三) 語言知識

1. 方言和共同語

2. 官話、國語、普通話、華語

3. 文言文、白話文

4. 外來詞

5. 繁體字、簡化字、異體字

(四) 字典辭書

(五) 漢字和文化

二十、修辭語彙

(一) 漢語的特質

(二) 修辭語彙

1. 典故
2. 成語
3. 俗語
4. 格言
5. 諺語
6. 歇後語
7. 反語
8. 雙關語
9. 燈謎
10. 對聯

(三) 修辭語彙和文化

二十一、治亂興衰

(一) 中國政治發展的特質

(二) 中華民族的形成

1. 華夏始祖
2. 堯、舜、禹傳說
3. 漢族和少數民族

(三) 政治知識

1. 政府組織
2. 重要職官
3. 朝代興替
4. 禪讓與世襲
5. 仁政與霸政
6. 人治和法治
7. 謚號、封號、年號

(四) 文化反思：政治對文化的影響

二十二、歷史人物

(一) 中國歷史上的傑出人物

(二) 帝王

1. 秦始皇
2. 漢武帝
3. 唐太宗
4. 康熙帝

(三) 相輔

1. 周公
2. 張良
3. 諸葛亮
4. 魏徵
5. 范仲淹

(四) 將帥

1. 孫武
2. 李廣
3. 關羽
4. 岳飛
5. 鄭成功

(五) 欣賞歷史人物的風範

二十三、學術思想

(一) 中國學術思想的特質

(二) 重要的思想家

1. 孔子、孟子、荀子
2. 老子、莊子
3. 墨子
4. 韓非子
5. 董仲舒
6. 王充
7. 朱熹

(三) 新文化運動

(四) 文化反思：傳統思想的優點和不足

二十四、宗教人生

(一) 中華民族的宗教精神

(二) 原始宗教

1. 自然崇拜
2. 圖騰崇拜

(三) 佛教

1. 佛陀生平
2. 基本要義
3. 佛經故事
4. 宗教聖地

(四) 道教

1. 基本要義
2. 道教故事
3. 宗教聖地

(五) 文化反思：宗教、人生與現代社會